アンチ
エイジングの鬼
Beauty Ageing プレミアム Premium

カイロプラクター
勝田小百合

まえがき

2007年に出版させていただいた処女作の『アンチエイジングの鬼』と、鬼流のアンチエイジングレシピについてご紹介した『アンチエイジングの鬼レシピ』に続き、いよいよ究極のナチュラルアンチエイジング決定版とも呼べる第3弾『アンチエイジングの鬼プレミアム』を出させていただくことになりました。

私は東京都内で日々患者さんを施術する女性カイロプラクターです。最初の本を書いた時は38歳でしたが、あれから2年半経ち、ついに今年41歳になりました。当時は2歳だった息子も今年5歳。月日の経つのは早いものです。産後の自分に活を入れるために始めた私のブログ「アンチエイジングの鬼」も始めてから3年半が経過しましたが、忙しくて更新が週1になっているにもかかわらず、毎日アクセスが4000hit前後を保ち、今も多くの読者のみなさまの応援に支えられて、マイペースですが続けることができています。

新宿に近い大都会で開業していることもあり、私の治療室には現代的なバリバリ働く女性や主婦の方、その旦那様など都会で生活している多くの方が来られます。みなさんが抱えている問題はパソコンの普及による姿勢不良による背中の硬さや首こり、腰痛、目の疲れ、生理不順、不妊、PMS、顎関節症、便秘、頭痛、アトピー、シワ、たるみ、自律神経失調症、ストレス、恋の悩み、家族の悩み、スキンケアの悩み等々……。そんな中で骨格の歪みだけではなく、食生活のアドバイスから人生相談までトータルで患者さんと向き合うのが私の治療スタイルとなっています。そんな私の唱えるアンチエイジングとは、「抗

加齢」や「抗老化」とは実は少し違います。これは老化や加齢にケミカルな方法で無理に抗おうということではなく、体内の循環を良くして自然治癒力を高め、抗酸化力をUPさせ、できる限り美しく老いよう！　という提案なのです。

老化の速度や寿命なんて遺伝だとあきらめている方もいると思いますが、一卵性双生児と二卵性双生児の寿命を比較した最新の疫学調査で、人間の寿命を決定している25％は遺伝的要因ですが、なんと75％は環境要因であることが分かってきました。この本に書いているエクササイズやスキンケア、食事、ライフスタイル、心の持ち方などは、実はその75％の環境要因を変えることで老化の速度をスローにし、加齢を楽しむための究極のメソッドなのです。

この本ではこれまでの2冊の内容を更に深め、新理論も加えてナチュラルアンチエイジングの決定版とも言えるプレミアムな情報を書かせていただきました。

ワクワクして楽しみながら、気がつけば若返っている。
そんなアン鬼ワールドへようこそ。
さぁ、私と一緒にエイジレスな人生を送りましょう!!

勝田小百合

アンチエイジングの鬼 プレミアム 目次

Contents

第1章

アンチエイジングは美しい骨から始まる！

カイロプラクターである私の信条――それは**美しい肌や筋肉を手に入れるには、まず美しい骨格が必要**だということです。

骨格に歪みがあると、骨から出ている神経を圧迫して体の自然治癒力が低下します。特に背中や首の歪みは、顔のたるみやくすみにも繋がるので美容にも大問題！

それにいくらスキンケアや筋肉トレーニングを行ったとしても、大元の土台である骨が歪んでいると、皮膚や筋肉も歪んでいってしまいます。

究極の美容は美骨！　そこでこの章では、自分でも簡単にできる**骨格の歪みを整えるエクササイズ**や、顔のシワやたるみを予防する**効果絶大な美顔エクササイズ**をご紹介します！

体の歪みを整える美骨エクササイズ！

まずは左ページのチェック方法で歪みを確認してみてください。たかが体の歪みとあなどることなかれ！　背骨の中には脊髄があり、背骨の穴から脊髄神経が出ています。背骨に歪みがあると、この穴が狭くなり神経を圧迫して、脊髄神経の働きが落ちてしまうのです。脊髄神経には、熱さや痛みを感じる知覚神経、体を思い通りに動かす運動神経、内臓の働きをコントロールする自律神経の３つがあります。そのため背骨や骨盤の歪みを正すと、見た目が美しいだけでなく脊髄神経の働きが良くなって、生理痛や便秘が改善したり、胃の調子が良くなったり、頭痛が軽減したり、お肌のツヤやハリも良くなって全身が甦るのです。

骨の歪みの精密な矯正は腕の良いカイロプラクターの元に、月に一度は矯正してもらいに行くのがベストですが、忙しい現代人はそれもままならないことが多いですよね。これからご紹介する美骨エクササイズは、毎日行うことで体の歪みを少しずつ改善させ、更なる歪みを作らせない効果があります。体の歪みを整えると全身の血流が良くなってリンパの流れもスムーズになり、太りにくく、むくみにくく、冷え症も改善します。また、首の歪みが改善されると顔に栄養が届くのでお肌にもハリやツヤが出てきますし、新陳代謝が活発になるのでシワやシミも快方に向かいます。背中の僧帽筋には顔を引っ張り上げる役目もありますから、背中の歪みが改善されると顔のたるみもぴっと引き上げられます。お風呂上がりや、寝る前などの日課として、ぜひ毎日の生活に取り入れてみてくださいね！

体の歪みを自分で簡単にチェックする方法

背骨、骨盤の歪みチェック（正面）

鏡の前に立ちます。

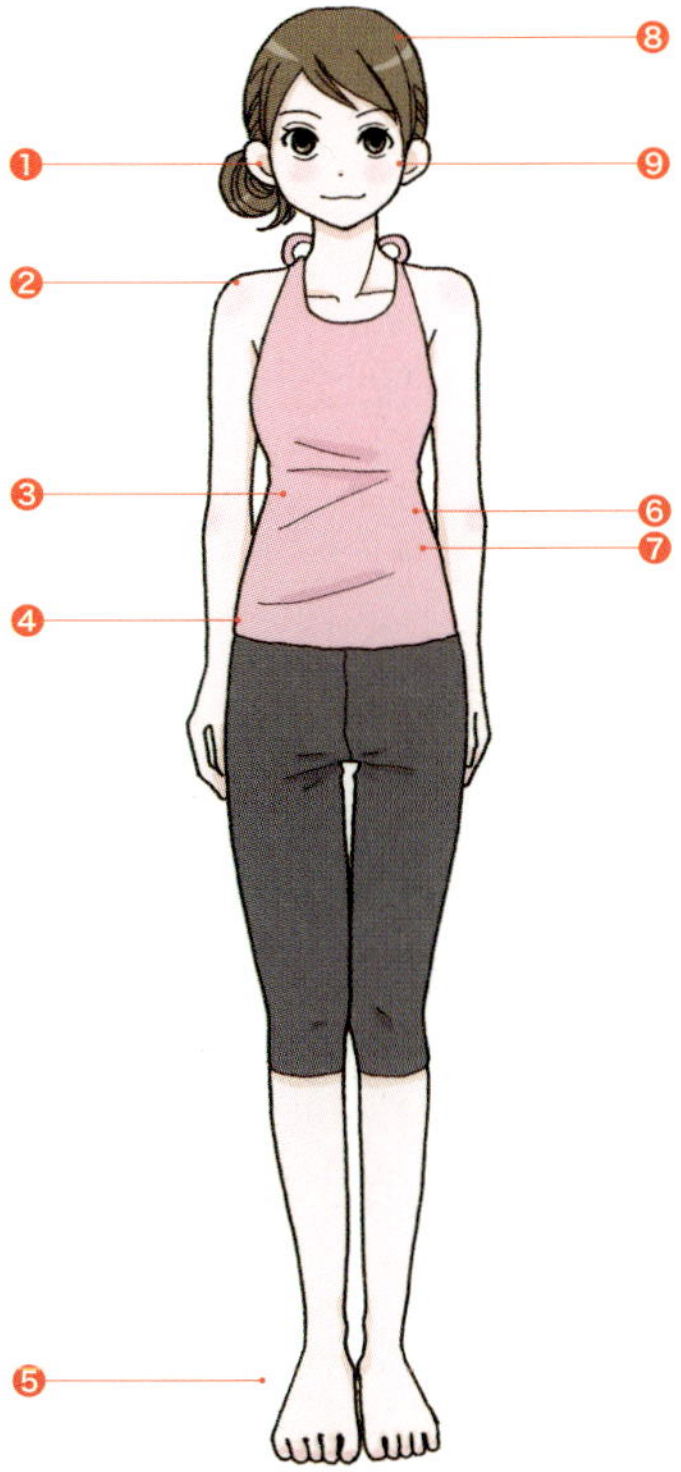

❶
❷
❸
❹
❺
❻
❼
❽
❾

❶左右の耳の高さは同じか？
❷左右の肩の高さは同じか？
❸左右のウエストマークの位置は同じか？
❹左右の骨盤のでっぱりの高さは同じか？
❺靴の底の減り方は左右同じか？
❻腰を横に倒した時、左右どちらかが倒しづらかったりしないか？
❼腰をひねった時、左右どちらかがひねりにくかったりしないか？
❽頭を横に倒した時、左右どちらかが倒しづらかったりしないか？
❾顔を右に向けたり左に向けたりした時、どちらか回しにくいほうがないか？

❶❽❾に左右差がある人――首や後頭骨の歪みの可能性あり
❷❸❹❺❻❼に左右差がある人――胸椎、腰椎、骨盤に歪みがある可能性あり

簡単な体の歪みチェック（側面）

壁を背にして立ちます。

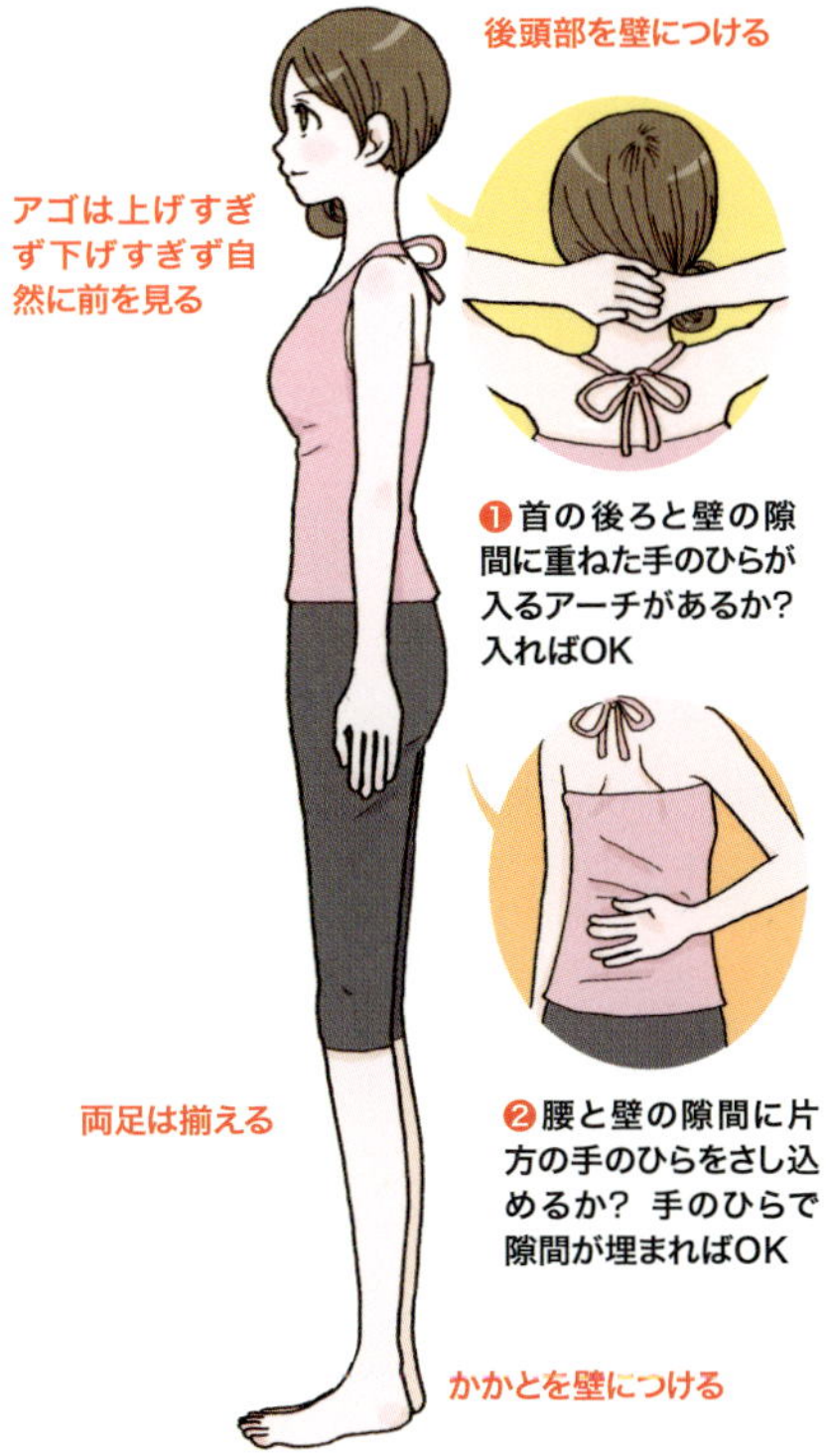

後頭部を壁につける
アゴは上げすぎず下げすぎず自然に前を見る
❶首の後ろと壁の隙間に重ねた手のひらが入るアーチがあるか？ 入ればOK
両足は揃える
❷腰と壁の隙間に片方の手のひらをさし込めるか？ 手のひらで隙間が埋まればOK
かかとを壁につける

❸両肩が壁に楽につけるか？ 軽くつけられればOK
❹両膝と両太ももが左右くっつくか？ くっつけばOK
❺横から人に見てもらい、耳の穴、肩先、股関節のでっぱり（大転子）、くるぶしが一直線か？ 一直線ならOK

首の後ろに両手のひらが入りづらい人はストレートネック（カーブ消失）傾向
（首は直径17cmの半円カーブ、腰は直径19cmの半円カーブが正常）

両肩が壁につきにくく、前に入り込んでいる人は猫背傾向

腰と壁の間があきすぎている人は反り腰（過前湾）傾向

腰と壁の間があいていない人は腰のカーブ消失傾向

両膝と両太ももが左右くっつきにくい人はO脚傾向

太ももをつけようとすると膝下が開く人はX脚傾向

体に歪みがあると、こんなに老けて見える!!

骨格が歪むとその骨についている筋肉にも左右不均衡や、部分的な衰えが出ます。筋肉は伸ばされた状態の部分は筋力低下し、短くなっている部分は硬くなり、やはり弱ってきます。特に30歳を過ぎる頃からあまり使われていない筋肉から衰えはじめ、筋肉量が減少すると、その上にのっている皮膚もたるみはじめます。

これは、現代女性に多い代表的な歪みの2タイプです。この両方が混ざっている複合タイプの方もいます。

さて、あなたの骨格は大丈夫?

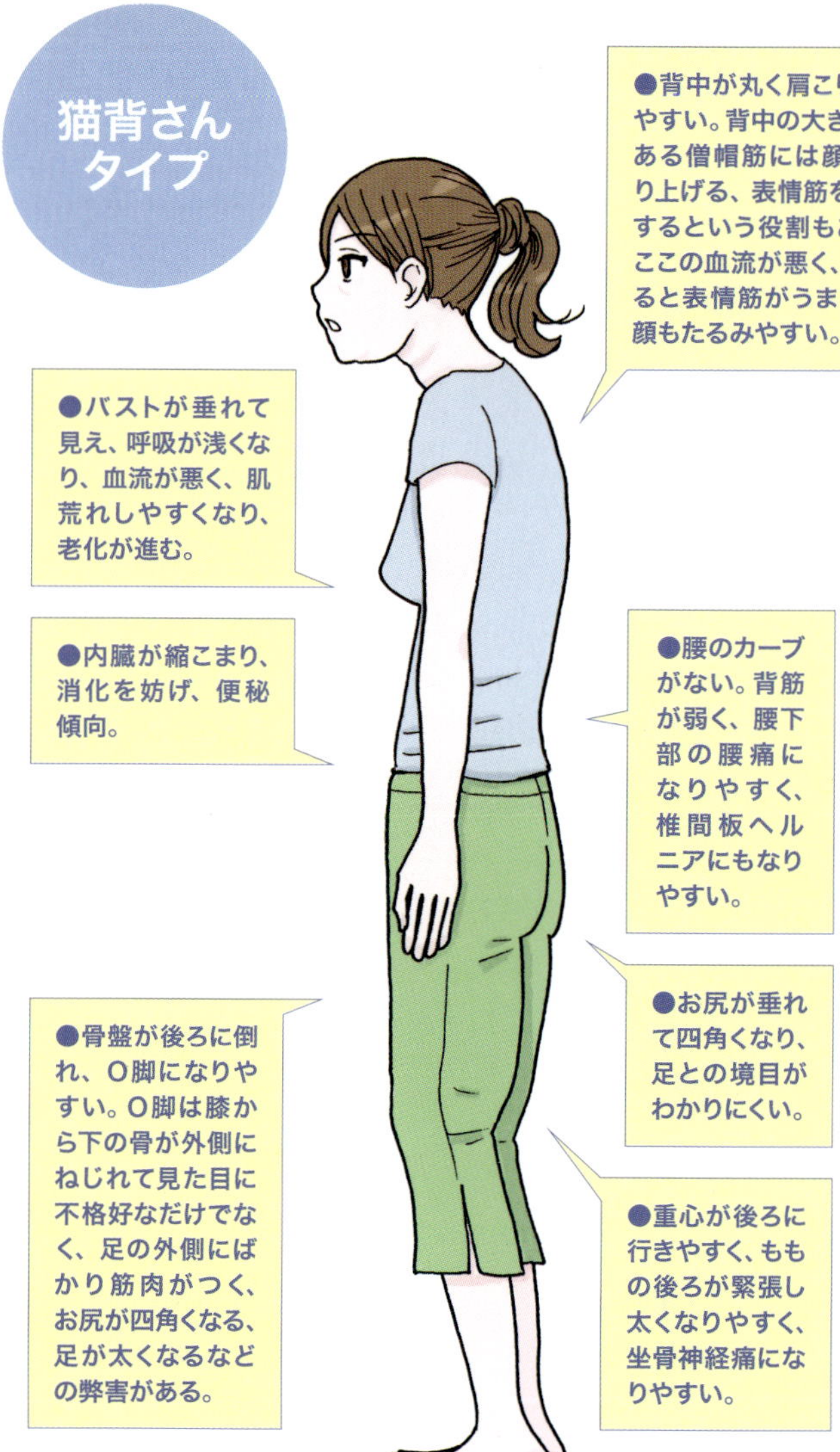
猫背さんタイプ
●背中が丸く肩こり首こりしやすい。背中の大きな筋肉である僧帽筋には顔を引っぱり上げる、表情筋をサポートするという役割もあるため、ここの血流が悪く、コリがあると表情筋がうまく動かず、顔もたるみやすい。
●バストが垂れて見え、呼吸が浅くなり、血流が悪く、肌荒れしやすくなり、老化が進む。
●内臓が縮こまり、消化を妨げ、便秘傾向。
●腰のカーブがない。背筋が弱く、腰下部の腰痛になりやすく、椎間板ヘルニアにもなりやすい。
●お尻が垂れて四角くなり、足との境目がわかりにくい。
●骨盤が後ろに倒れ、O脚になりやすい。O脚は膝から下の骨が外側にねじれて見た目に不格好なだけでなく、足の外側にばかり筋肉がつく、お尻が四角くなる、足が太くなるなどの弊害がある。
●重心が後ろに行きやすく、ももの後ろが緊張し太くなりやすく、坐骨神経痛になりやすい。

共通項

●左右の顔の幅やエラの張り方、頬の大きさが違ってきたり、片側だけにシワができたり、目の大きさが左右違ったり、口角の上がり方が左右違って、口が歪んで見える。

●筋肉が左右不均衡になり、燃焼する場所と、そうでない場所が分かれるし、血流もリンパの流れも悪くなり、太りやすいしむくみやすい。

究極の美容は、美骨！
さぁ、こんな不調を招かないためにも、
いよいよ次ページから美骨エクササイズのスタートです!!

反り腰さんタイプ

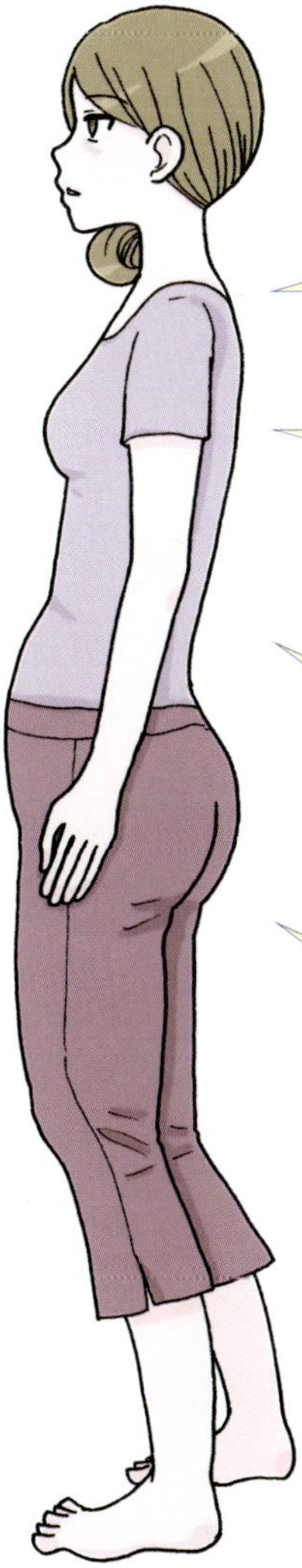
●首のカーブがなくてまっすぐ。首がコリやすいため、首の前側の胸鎖乳突筋が硬くなりやすい。この筋肉の下に顔に栄養を与えている動脈があるので、顔がくすみやすい。
●全身のリンパ液が最後に流れ着く鎖骨下静脈は、鎖骨のあたりにあるので、首に歪みやコリがあると顔のリンパの流れも滞り、むくみやすいし肌荒れしやすい。
●胸椎はフラット。フラットになると背中全体が硬く、血流が悪くコリやすい。
●腹筋が弱く、お腹がポッコリ。
●反り腰は一見姿勢が良いように見えるが、腰に負担がかかるので腰上部の腰痛になりやすい。
●骨盤が前に倒れ、X脚になりやすい。
●お尻の筋肉が弱いのでお尻が出て見え、しかも垂れやすい。
●重心が前に行きやすいので足の前面の筋肉が緊張して太くなりやすい。

あなたの骨格を歪めるのは毎日のちょっとした生活習慣。この中で思い当たることはありませんか？

◇片方でばかり足を組む◇横に寝転がってテレビを見る◇斜め座りする◇片側でばかりバッグを持つ◇頬杖をつく◇椅子に対して低すぎる机で、前かがみで作業する◇うつむいてばかりいる◇片側でばかり立て膝をする◇片側でばかり食べ物を噛む◇すぐに奥歯を噛み締める◇椅子に深く腰掛けて、長時間寄りかかって腰を丸める◇長時間同じ姿勢を続ける。

首の歪みを整えるエクササイズ

9ページのセルフチェックで左右の耳の高さが違った方や、首のカーブが減少傾向の方は特にやってほしい！　パソコンの前に座り、うつむき加減の姿勢ばかりでいる人の首は、正常カーブがどんどんなくなっていきます。このエクササイズは、硬くなりがちな首の前側の筋肉を伸ばし、首のカーブを改善する効果があります。顔のくすみも撃退！

1

まっすぐに立ち、息を吸いながら頭を後ろに反らせて、右手で右肩を固定します。

2

息を吐きながら左手で頭の右側面を左後ろ方向にゆっくりと押します。この時真横にならないように注意。首が硬くて伸びづらい場合は無理はしないでください。

3

反対側も同じように押し、左右5回ずつ。どちらか倒しにくいほうを余分に行います。

注意　首を後ろに倒して、首や腕に痺れが出る方、頸椎症や頸椎ヘルニアの方はやめてください。

首と背中の血流を良くするエクササイズ

いつも重い頭を支え、腕も支えている首や背中の僧帽筋は、仕事量が多い割には動きが少なく、血流が悪くなりがち。このエクササイズは、縮こまった僧帽筋を伸ばし、血流を良くして肩こりや首こりを改善する効果があります。顔のたるみにも有効！　オフィスで椅子に座ったままでもできます。

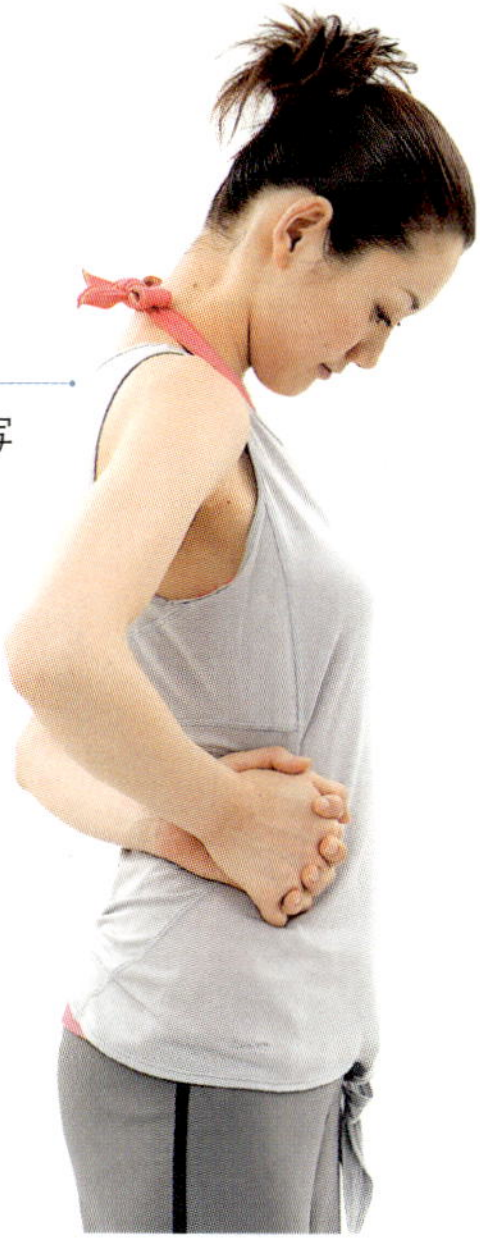

1

息を吸いながら、片方の手を背中からまわして両手を脇腹で写真のように組み、頭を前に倒します。

2

息を吐きながら腕を組んでいる側にゆっくりと頭を傾けます。首の横や肩が伸びているのを確認してください。

3

腕を組みかえて、反対側も同じように傾けます。
左右5回ずつ。どちらか倒しにくいほうを余分に行います。

注意　首を傾ける時、勢いをつけないようにしてください。

上半身の歪みを整えるエクササイズ

セルフチェックで、左右の肩の高さやウエストマークの位置が違った方には、特にやってほしいエクササイズです。主に背中や腰の骨の歪みを整え、腰痛も改善します。肩甲骨周辺も伸びるので、肩こりにも効果的！

1

椅子に座ったままでも立って行っても構いません。息を吸いながら両手を組んで、伸び上がるように目いっぱい上まで上げます。

2

息を吐きながら、そのままゆっくり上半身を右に倒します。この時反対側の腰が伸びているかどうかを意識してください。

3

反対側も同じように伸ばし、左右5 ～ 10回ずつ。どちらか倒しにくいほうを余分に行います。

注意 上体を倒した時、腰やお尻や足に痺れが出る場合や、椎間板ヘルニアの方はやめてください。

猫背を矯正するエクササイズ

セルフチェックで、両肩が壁につきづらかった方には特にオススメなエクササイズです。猫背を改善し、バストもアップして見えます。呼吸も深くなるので、リラックスできて血流も改善し、細胞の隅々に酸素が行き渡ります。顔のたるみ改善にも効果的！オフィスでパソコン作業をしている時は、1時間半に一度はやってください。

1

椅子に座ったまま、背もたれの後ろで左右の手を組みます。

2

息を吸いながら、胸と首を反らし、組んだ手をできる限り上方向に上げます。

3

息を吐きながら、首を前に倒して手を戻して脱力。5回程度繰り返します。

注意 首を後ろに倒して、首や腕に痺れが出る方、頸椎症や頸椎ヘルニアの方はやめてください。

骨盤の位置を整えるエクササイズ

セルフチェックで、腰をひねった時に左右差があった方や、腰痛のある方に特にオススメなエクササイズです。骨盤の歪みや、腰椎の歪みを改善し、便秘や生理痛の改善にも繋がります。長時間の座り仕事で腰だけでなくお尻まで硬くなっている場合も、十分伸ばすことができます。

1

床に仰向けに寝て、体がまっすぐになっていることを確認し、ゆっくり息を吸います。

2

左足を曲げて右手で膝を押さえます。
息を吐きながら右側にゆっくり
倒していきます。

注意 必ずゆっくりとした動作で行ってください。
勢いをつけて腰をひねらないようにしましょう。

3

曲げた膝を右側の床につけようとして、浮かないように右手で押さえます。
左手は横に伸ばして肩が床から離れないようにし、顔は左側に向けます。
息を吸いながら元に戻ります。
左右の足を入れ替え、反対側も同じように。左右5回。
どちらか伸びにくいほうがあれば、そちらを余分に行います。

腰椎の位置を整えるエクササイズ

セルフチェックで、腰のカーブが減少傾向にあった方は3の動きを重点的に、反り腰傾向だった方は2の動きを重点的に行ってください。腰痛のある方や、腹筋と背筋が弱い方などにもオススメです。腰がしなやかに動くようになり、腰椎のカーブも改善します。

1

四つんばいになり、両手と両足を肩幅に開きます。

2

両足の指を床に立て、息を吸いながら頭を倒して腰が天井に引っ張られるような気持ちで、背中を目いっぱい丸めます。

3

息を吐きながら、頭を上げて天井を見るように反らせ、腰も目いっぱい反らせます。
1～3を1セットで5回。
反らせるのと丸めるのとで不得意なほうを余分に行います。

ヒップアップエクササイズ

お尻が垂れ気味、または四角くなって足とお尻の境目が減少してきている方に特にオススメなエクササイズです。骨盤が倒れ気味で子宮後屈を起こしている方にもいいでしょう。骨盤底筋も鍛えられるので、産後の尿漏れ改善にも有効です。

1

仰向けに寝て、腰幅に足を開いて両膝を立てます。手のひらを下向きにして、ゆっくり息を吸います。

ポイント 腰を上に上げる時、できるだけお尻の力だけで上げるようにしてください。

2

息を吐きながらお尻の力で腰をぐっと上げます。

3

上げたまま、お尻のほっぺた同士をくっつけるような気持ちでぎゅーっと締めます。そのまま5秒キープ。ゆっくり息を吸いながら、お尻を床に下ろします。5回繰り返し。

そり腰さん矯正エクササイズ

セルフチェックで反り腰傾向にあった方に特にオススメなエクササイズです。反り腰は一見姿勢が良いように見えますが、腰に負担がかかるので腰の上部の腰痛になりやすく、お腹がポッコリ見えがちです。このエクササイズは腰の過剰なカーブを改善し、同時に弱い腹筋も鍛えることができます。

1

仰向けに寝て、息を吸いながら両膝を少し開いたまま曲げて両腕で抱え、胸につけます。

2

息を吐きながら、頭を持ち上げ、お尻も持ち上げ気味にして体をゆりかごのように揺らします。

3

息を吸いながら元に戻して脱力。5回繰り返し。

ポイント
2の時、お尻を持ち上げるようにするのが重要です。

ふりそで二の腕さよならエクササイズ

二の腕は年齢と共にたるみがちです。ここに脂肪がついていると年齢より老けて見えてしまいます。このエクササイズは実はカイロプラクティックスクールで行われている、カイロプラクターの訓練の1つ。これをやると普通の生活では動かさない腕の筋肉を鍛えられるので、自然とふりそで二の腕が改善できてしまうことに、学生時代に気がつきました。

1

立ったまま、片手を横に伸ばして手のひらを壁につけ、力を入れます。

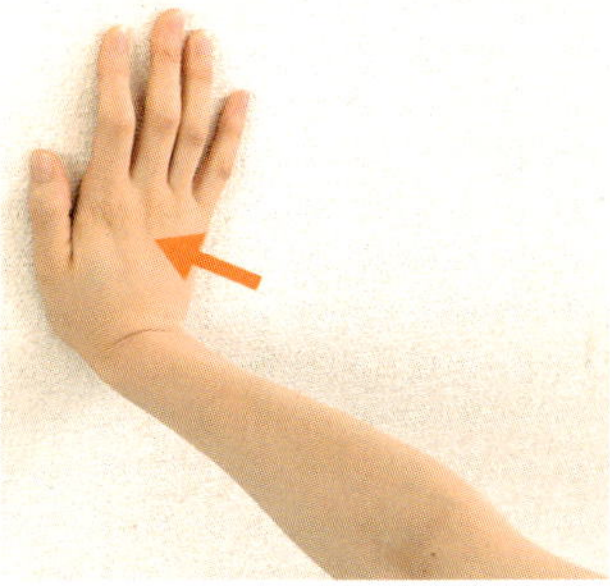

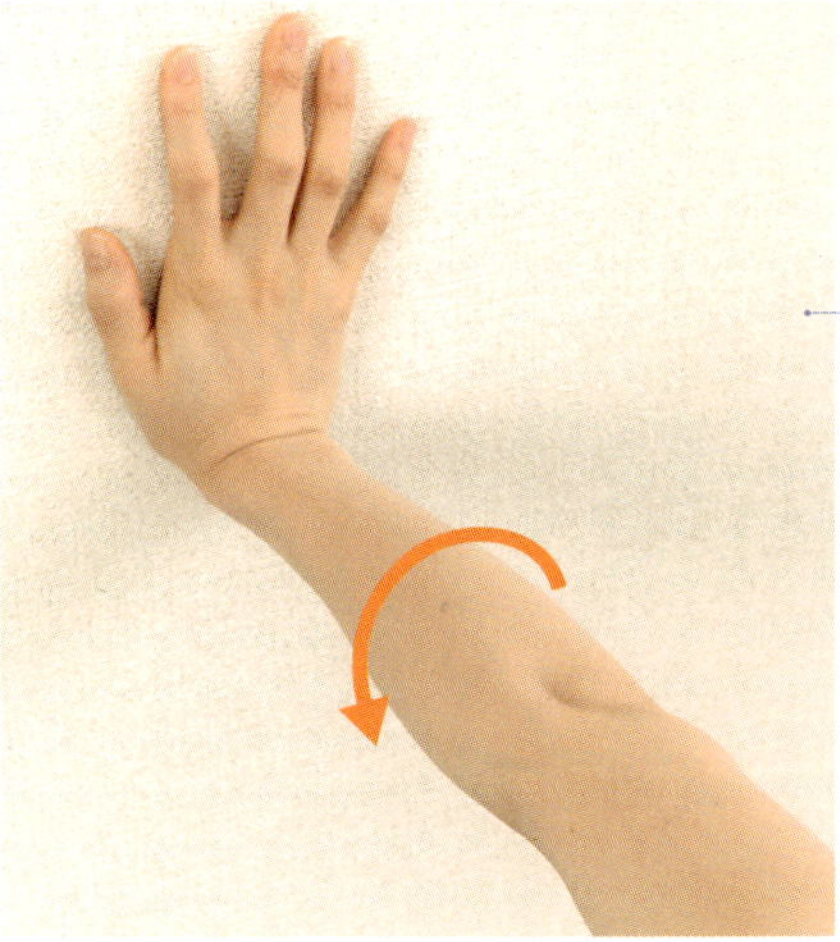

2

手のひらはそのまま動かさず、肘の向きが内向きになるように腕を動かします。

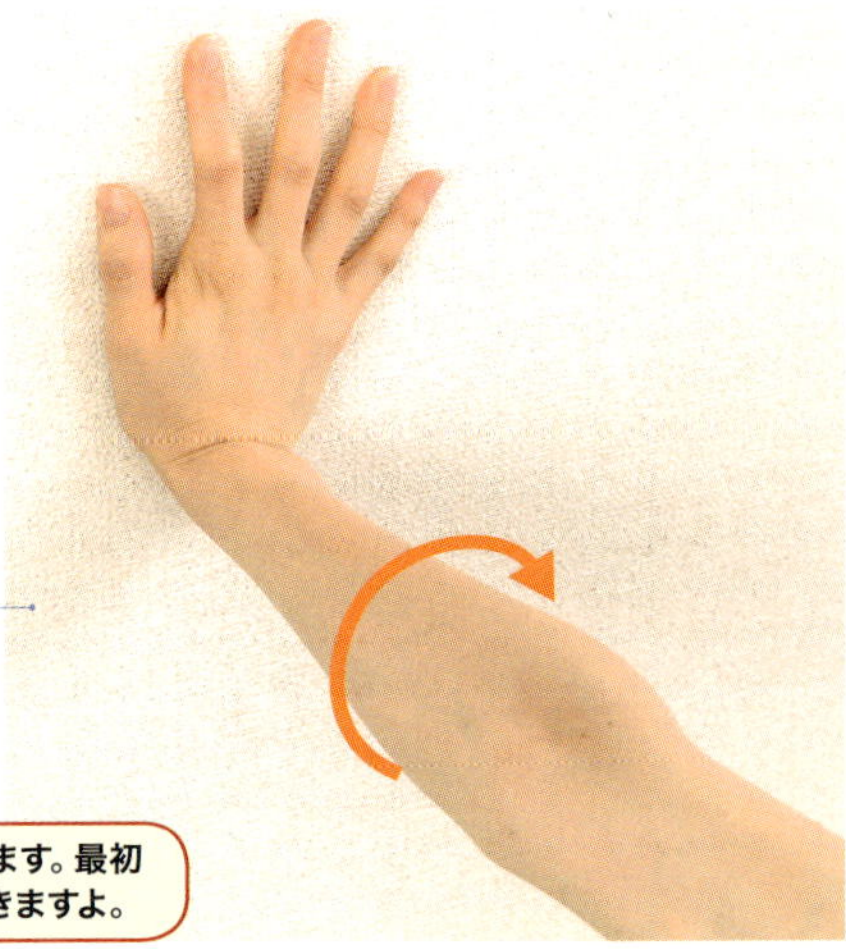

3

同様に、肘の向きを外向きにします。これを1セットで10回。反対の手も同じように行います。

ポイント

手のひらで壁を押すようにすると、うまくできます。最初は肘がうまく動きませんが、やっているうちに動いてきますよ。

ぽっこり下腹撃退エクササイズ

姿勢が悪く、お腹を突き出して歩いている方、腹筋がすごく弱く主に下腹が出ている方にオススメなエクササイズです。上半身を起こす腹筋と違い、首を痛めにくいので首が弱い人でも楽に鍛えられます。

1

床に仰向けに寝て、息を吸いながら両足を垂直に上げます。

2

上げた足を、膝を伸ばしたまま、ゆっくりと息を吐きながら下げていきます。床から30度の高さで足を5秒キープ。

3

床に足を下ろして脱力。5回行います。

ポイント

膝は曲げずに伸ばすこと。かなりきついので、30度の位置に来たら息を吐くことに集中しましょう。

O脚矯正エクササイズ

セルフチェックで、膝と膝がくっつかないO脚だった方にオススメなエクササイズです。O脚の方は内ももの筋力がひどく弱っていることが多いので、ここを鍛えると目に見えて改善していきます。

1

床にお尻をついて座り、膝を曲げて軽く開きます。

2

膝の内側に両手を置き、手で足を外に開こうとするように力を入れます。

3

2に逆らい、両膝をできるだけ近づけるように内ももに力を入れます。
脱力。2～3を1セットとして5～10回繰り返します。

X脚の場合

この逆で、膝の外側に両手を置き、足を内に閉じようとし、それに逆らって両膝をできるだけ外方向に開こうとします。

美脚エクササイズ

筋力が弱く、セルライトができがちな太ももを鍛え、O脚を改善してヒップアップまでできてしまうワイドスクワットです。リンパの流れも良くなるので、むくみ足や冷え症、生理痛も改善します。

1

まっすぐに立ち、足を肩幅の1.5倍になるように開きます。
両手は頭の後ろに組み、つま先は45度外側に開きます。

2

息を吐きながらゆっくりと膝を90度まで曲げます。

3

息を吸いながら、ゆっくりと膝を伸ばします。膝を伸ばす時に、ももとももの間とお尻に力を入れると美脚、美尻に効果的。1〜3を10回繰り返します。

ポイント・注意
足を大きく開くことが大切。曲げる角度は深く。膝に問題のある方はやめてください。

10年老化を遅らせる美顔オイルエクササイズ！

体の歪みを正したら、最後の仕上げは顔です！　顔の筋肉は体の筋肉と違って、ちゃんと骨についているものが少ないのでとても不安定。放っておくといつのまにか老け顔になってしまいます。普段の生活で使われている顔の筋肉は約30％程度なので、使われていない筋肉も含めて個別に鍛えていくと顔のたるみが改善し、ピンと若々しいハリをもたらします。

また、顔の筋肉の緊張というのは、時として深いシワを作ることがあります。ボトックス注射は、ボツリヌス菌という毒で、顔の筋肉の神経を麻痺させて顔のシワを取る方法です。ボツリヌス菌１ｇの殺傷能力は、なんと１００万人！　自然界に存在する毒素としては最強だそうです。いくら生理食塩水で薄めたものとはいえ、あえてこんな猛毒を顔に入れるとは女性の美への欲望とはすごいなと思いますが、こんな荒治療でシワが取れるということでも分かるように、顔の筋肉の緊張も老け顔を作るのです。

顔の筋肉の中で衰えやすいのは口の周りの筋肉。ここがたるむとほうれい線ができたり、ブルドッグ顔になったり二重アゴになって輪郭がぼんやりしてしまいます。また、目の周りの筋肉が衰えると目尻が下がり、目が小さくなって目の周りにシワやたるみが増えてしまいます。

逆に、緊張しやすいのはおでこ。おでこが硬直してくると眉間が狭くなり険しい顔に見えがちで、おでこに影ができ、やがてシワが目立つようになってきます。

シワとたるみのない若々しい顔を作るためには、顔筋を鍛えることと、顔筋の緊張を取ることの両方が必要です。この美顔オイルエクササイズはそれを同時にやってしまおうという欲張りエクササイズなのです。

オススメのマッサージオイル

首と肩のマッサージには……

AMRITARA
スムースボディオイル

お肌を柔らかくするスイートアーモンド油をベースに、毒素排泄のジュニパーベリー、むくみに効くサイプレス、セルライトに効くライムやオレンジ、血流改善のブラックペッパーやローズマリーの精油を配合した100%オーガニックのブレンドオイルです。 3,200円（AMRITARA）

顔のマッサージには……

シャンブル
ローズヘンプ・ビューティーオイル

オーガニックのヘンプ油（麻の種子オイル）をベースに、ローズ油、ゼラニウム油、ラベンダー油を配合した、エイジングケアオイルです。ヘンプ油には人が体内で生成できない必須脂肪酸が豊富に含まれ、浸透力と保湿力に優れています。しっとりふっくらと潤いに満ちた美肌へ導くとともに、使うたびに広がる優雅な香りがお肌と心を優しく癒してくれます。カプセル入り。
6,300円（シャンブル）

AMRITARA
ビューティーエイジトリートメントオイル

美白効果のローズヒップオイルや、できてしまったシワに有効なボリジ油、植物性エストロゲンの多いざくろ油等をベースに、ダマスクローズやフランキンセンス、イモーテルなどシワやハリや細胞の再生に有効な精油をブレンドした究極のエイジングケアオイル。100%オーガニックです。カプセル入り。
4,935円（AMRITARA）

老け顔のパターン
さて、あなたはどのタイプ？

今は大丈夫でも、骨格や表情癖などによって、
どちらかになっていく傾向性はあると思います。
エクササイズをしておくと10年後が違いますよ！

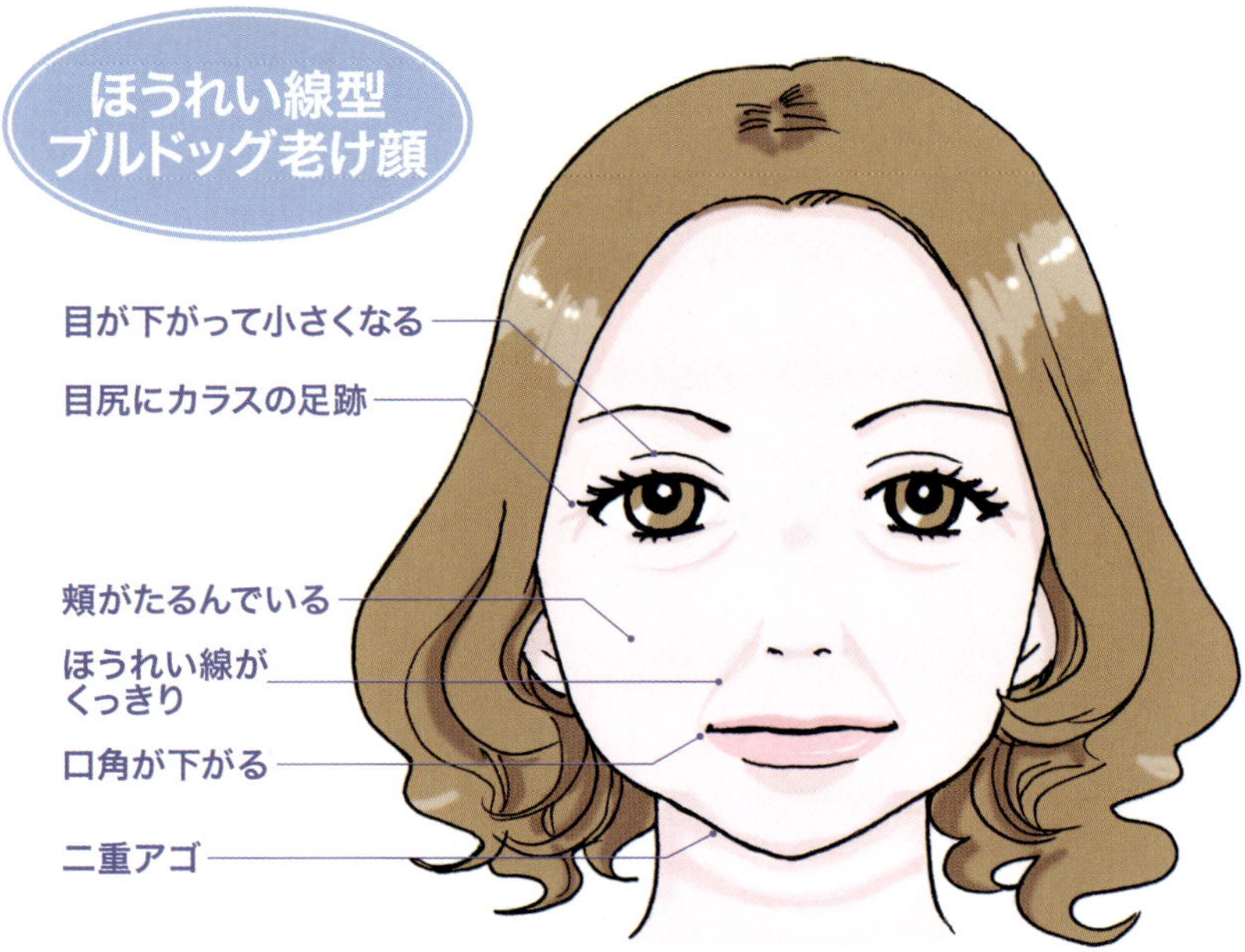
ほうれい線型
ブルドッグ老け顔
目が下がって小さくなる
目尻にカラスの足跡
頬がたるんでいる
ほうれい線がくっきり
口角が下がる
二重アゴ

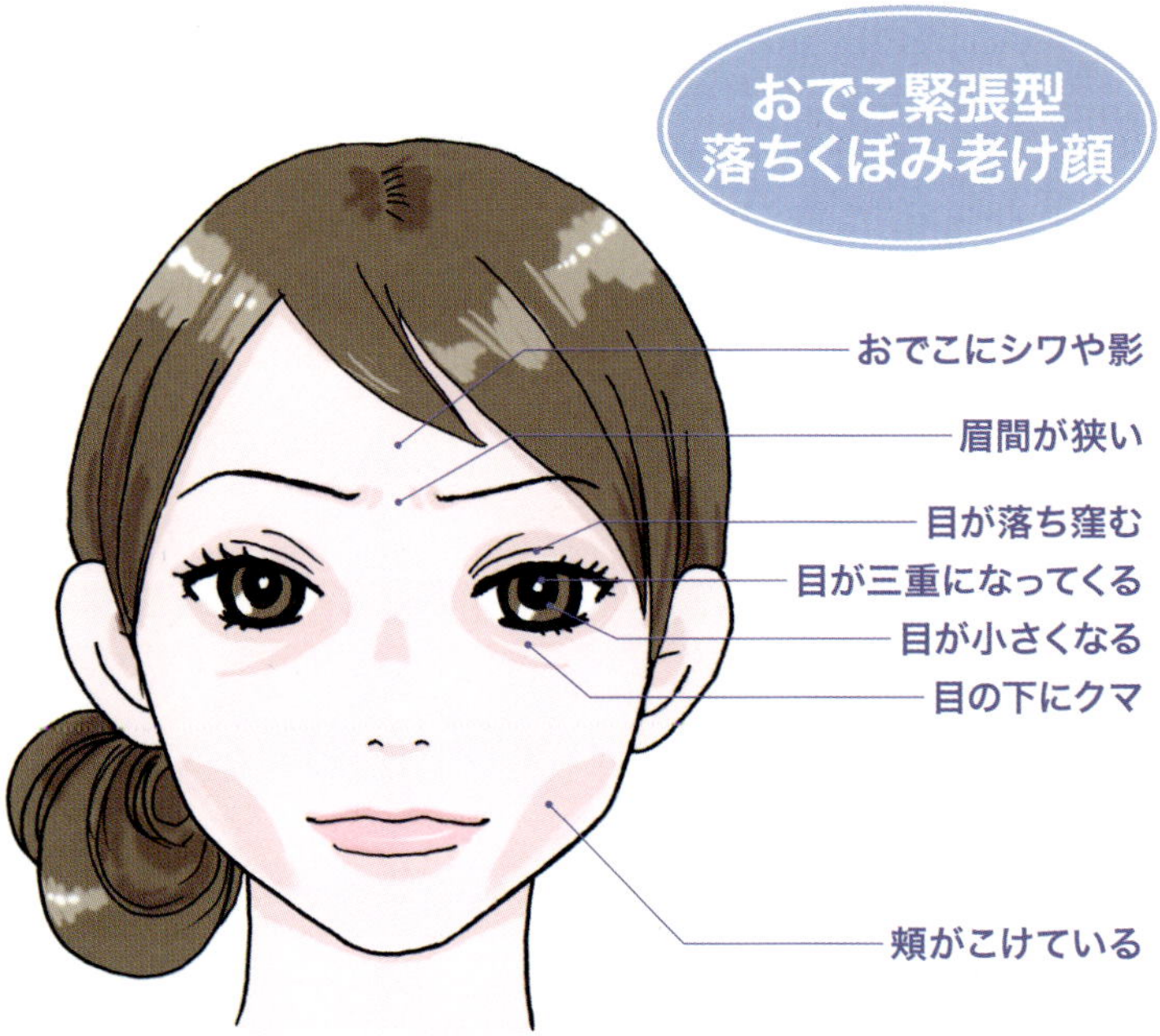
おでこ緊張型
落ちくぼみ老け顔
おでこにシワや影
眉間が狭い
目が落ち窪む
目が三重になってくる
目が小さくなる
目の下にクマ
頬がこけている

美顔オイルエクササイズのやり方

さて、老け顔にならないために、今日から美顔オイルエクササイズをやりましょう。用意するものは鏡とお気に入りの植物オイルだけ。髪はターバンなどでまとめておくといいでしょう。やるのは週に2回でOK。あまりやりすぎるのも逆効果です。お風呂上がりの血行が良い時にやるのがベストです。

顔のエクササイズをする前に、必ず首のマッサージを行います。首の筋肉の下には顔に栄養を与えている動脈がありますし、全身のリンパ液が最後に流れ着く鎖骨下静脈は鎖骨の近くにあるので、首周辺のコリをほぐしておくと美容効果は倍増します。

すべてが終了したら、油分が気になる方は温かいタオルで優しくふき取ってください。

顔のくすみを取って輝かせる
基本の首肩オイルマッサージ

美顔オイルエクササイズをやる前に必ず行ってください。

首のマッサージ

❶オイルを手に取り、手と反対側の首の前（出っ張っている筋肉）を優しくつかみます。

❷耳の下から鎖骨の手前までマッサージします。左右両方、各10回くらい。

肩と鎖骨のマッサージ

❶オイルを手に取り、手と反対側の首と肩の付け根に手を引っ掛け、ぐっと力を入れて押します。

❷そのあと力を抜いて鎖骨の真上を外側から内側にかけて優しく流します。左右両方、各10回くらい。

おでこのシワを取るオイルエクササイズ

1 まずはオイルをつけず頭頂部を左右の指でつかみ、中央から外に向けて3ヵ所押します。5回繰り返し。

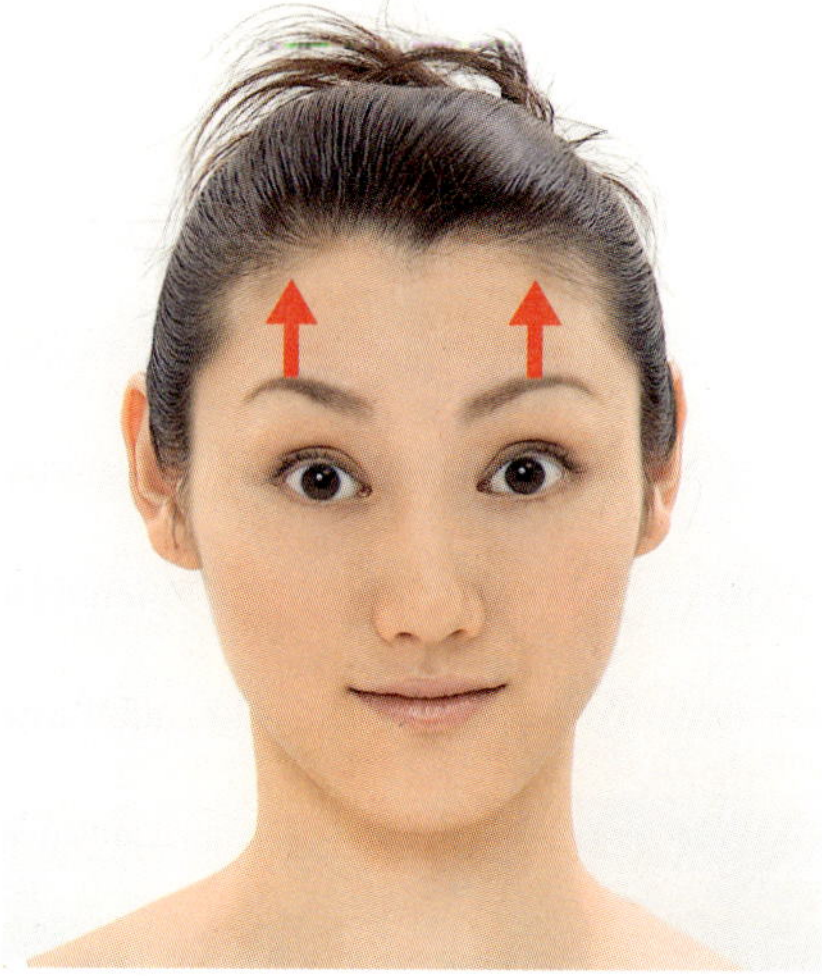

2 オイルをおでこにのばし、両眉をぎゅーっと上げて、そのあとすぐ眉を下ろしてダラーンと力を完全に抜きます。10回繰り返し。

3 次に両手の親指以外の4本をおでこに当てて、親指は頭の後ろに引っ掛けて支えて、おでこ中央から外側に向かって4ヵ所押していきます。5回繰り返し。

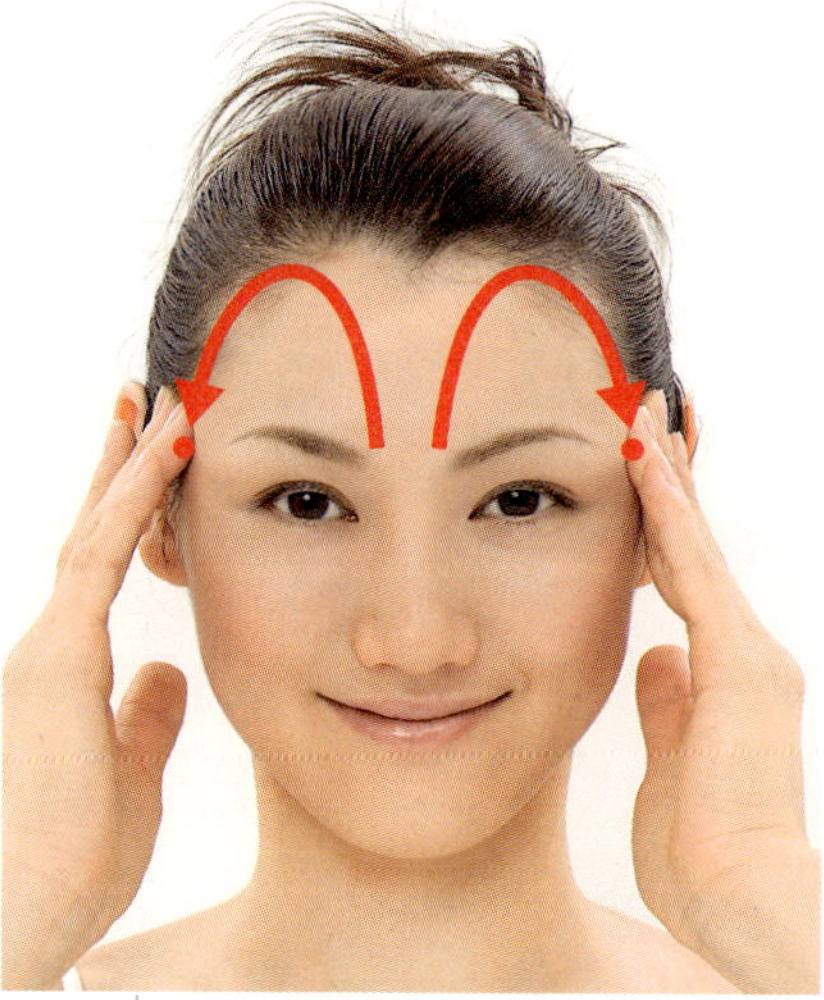

4 おでこの力を完全に抜きながら、眉頭から上にあがって、こめかみまですべらすように3本指でマッサージ。こめかみで止まって少し強めに押します。5回繰り返し。

目をぱっちりさせるオイルエクササイズ

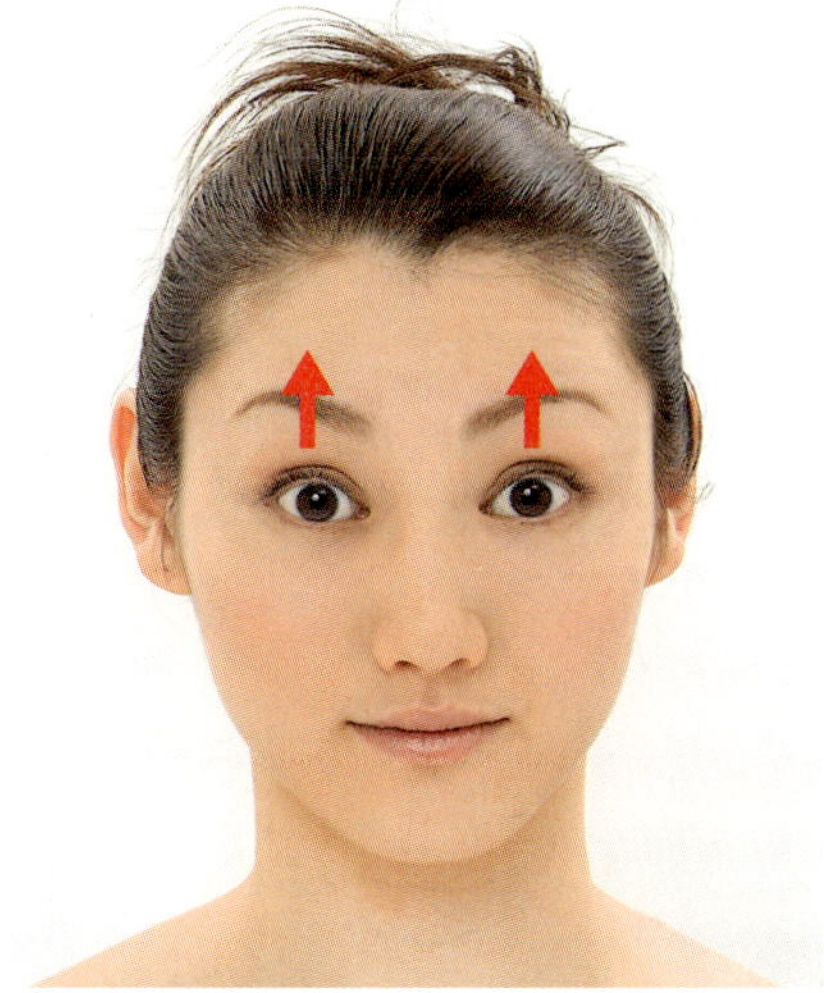

1 オイルを目の周りにのばし、目を目いっぱい大きく見開いて5秒キープしたあと、脱力します。5回繰り返し。

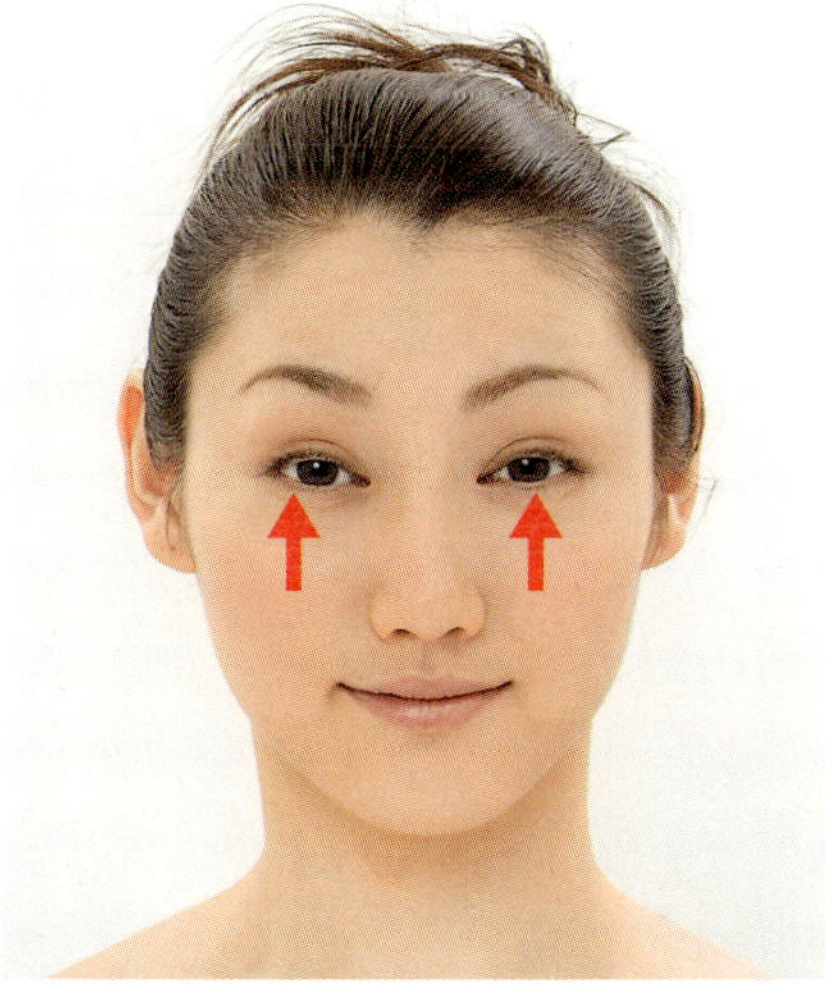

2 次に下まぶたを使ってできるだけ目を細めます。5秒キープしたあと脱力。5回繰り返し。

3 眉の下の骨の内側を両手の親指で上に押し上げるようにすべらせます。眉頭は強めで外に行くほど優しく。

4 目の力を極力抜きながら、目の周辺をぐるっとまわるようにマッサージします。こめかみ以外は力をほとんど入れないこと。5回繰り返し。

ほうれい線を取るオイルエクササイズ

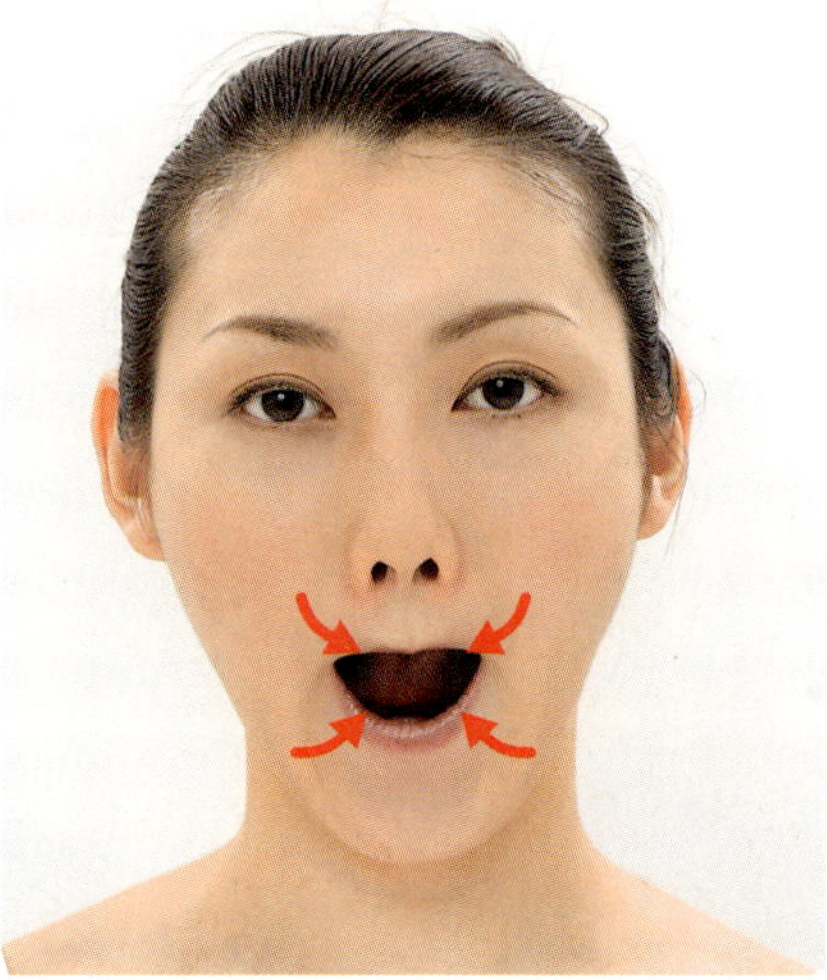

1 オイルを顔の下半分にのばします。上下の歯を唇で巻き込んで口をOの字に目いっぱい開きます。

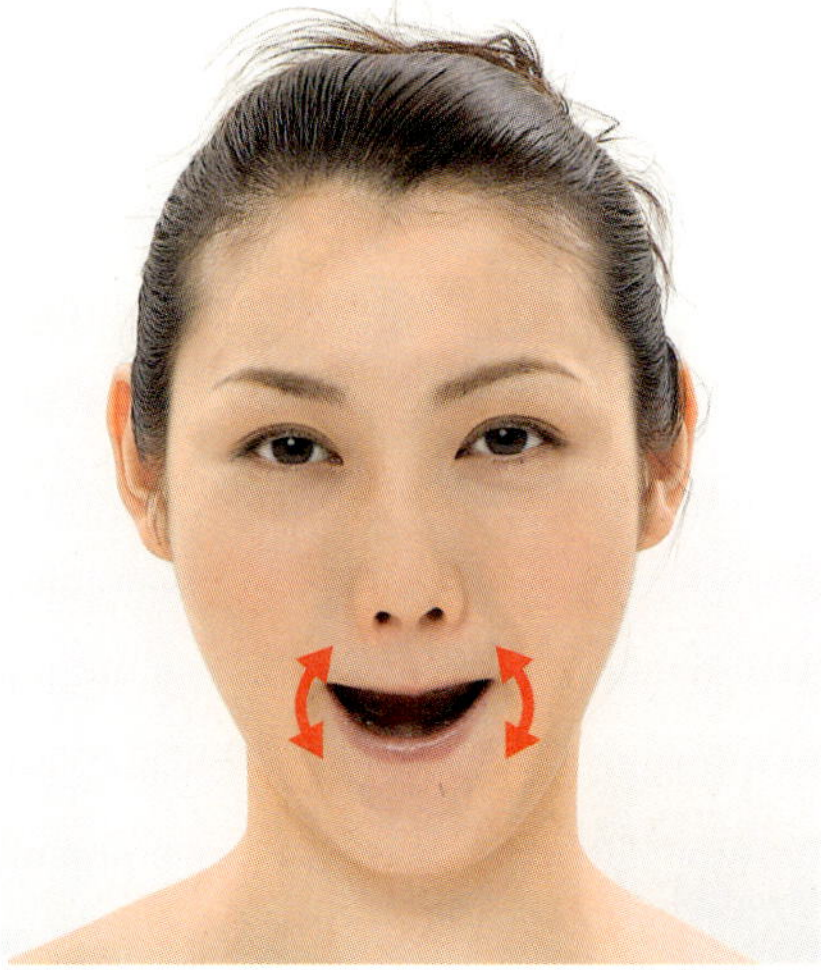

2 口を開いたまま口角を上げ下げします。10回繰り返し。

3 左右の人さし指を少し曲げて、左右の頬骨の下にひっかけるように当て、頬骨を耳の近くまで上に押し上げるようになぞります。3回繰り返し。

4 完全に脱力しながら左右の人差し指の腹で、ほうれい線ラインを上から下になでおろしていきます。5回繰り返し。

たるんだアゴを引き締め、エラ張りを取るオイルエクササイズ

1 オイルを顔の下半分にのばします。下唇を上唇に重ねるようにし、下あごを突き出し5秒キープしたあと脱力。

2 アゴを両手で挟み、そのままアゴをつかむように、耳の手前までなでるようにマッサージします。1〜2を3回繰り返し。

3 頭を後ろに反らせて、舌を思いっきり出します。5秒キープ。

4 頭を元に戻して完全に脱力し、左右のエラの手前の噛む筋肉を、円を描くように少し強めにマッサージします。

血流改善のために体を温める！締めつけない！

体温が1度下がると免疫力が40%低下、基礎代謝が12%低下、酵素の働きが50%も低下します。健康な体を維持するのに必要な体温は36度5分以上。それなのに現代は35度台の低体温の方がすごく増えています。

原因としては空調の完備による自律神経の乱れや、運動不足、ストレス、薄着、お菓子の食べすぎ、締めつける下着の着用などが考えられます。

体を冷やさず血流を良くして循環を滞らせないことは最強の美容法でもあります。平熱が36度6分程度になると、免疫力も高くなり基礎代謝も上がるので太りづらく、毒素を溜め込まない循環型エイジレスボディになります。また、血流が良いということはお肌の基底細胞も活発にコラーゲンを作ってくれますので、お肌にハリをもたらし、新陳代謝がよくなるのでシミも薄くなっていくのです。

美骨エクササイズで体を動かすと血流が良くなり、体も温まりますが、そのほかにも体を温めて血流を改善するために私が行っている簡単な方法をいくつかご紹介します。

湯たんぽは女子の必需品

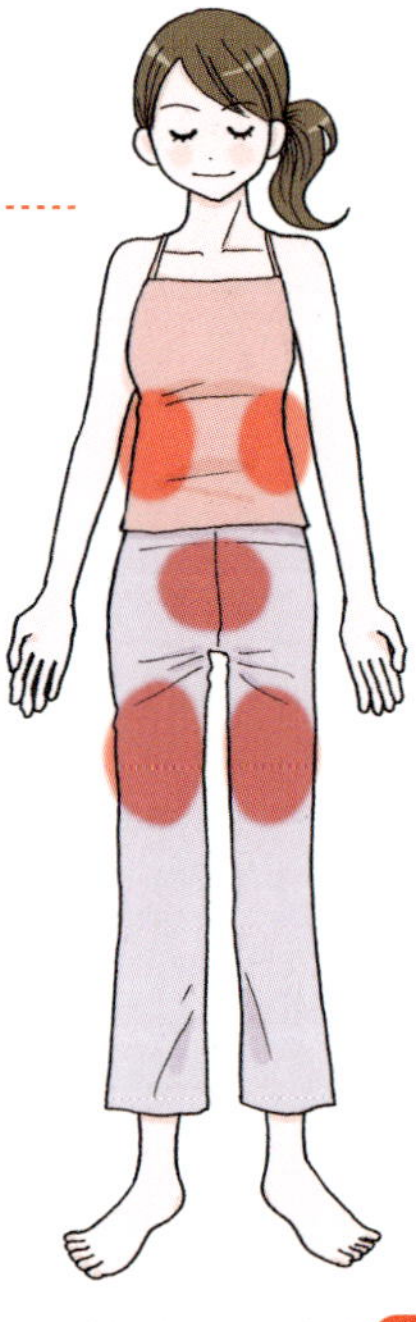

私は秋冬になると寝る前に湯たんぽで胃腸や太ももなどの大きい筋肉を温めることで、体を芯から温めています。電気などの熱と違い、お湯で温める湯たんぽは、体の深部までジワジワと温めることができるのですごく効果が高いんです。

当てる時間は1ヵ所2～3分程度で、そのままでは熱すぎる場合はタオルなどで調節し、くれぐれも低温やけどには注意してください。

ファシー湯たんぽ
ドイツのファシー社の湯たんぽは超オススメ。耐熱温度が高いので劣化しにくく、しかも素材が柔らかいので体に当てやすい！　いろんな形＆色があります。
ベロアハート 3,780円（フリーマム）

オフィスには腹巻きやひざ掛けを！

冬はひざ掛けや、足首を冷やさないようにレッグウォーマーをし、腹巻きや毛糸のパンツなども利用して、体を冷やさないように気をつけています。特に生理中は冷えると子宮の収縮が強くなってしまい、生理痛がひどくなることもあるので気をつけて！

夏もクーラーが効きすぎているオフィスなどでは、蒸れないシルクの腹巻きやカーディガンなどは必須です。

目を温めて、疲れ目もクマも撃退！

目の周りにクマができている時や、顔がむくんでいる時、目が疲れている時は、温タオルを使った温湿布をして目を温めるのがオススメです。

鍋にお湯を沸かすか、ポットのお湯をボウルなどに入れます。

タオルを適度な大きさにたたんで、両端を手で持って、手で持っている以外の部分をお湯にしばらく入れます。そのまま流しで絞ると簡単に温タオル完成。

目に当てた時、熱すぎないよう適度な熱さにタオルをパタパタして調節し、仰向けになってタオルを目の上に約2分間のせます。

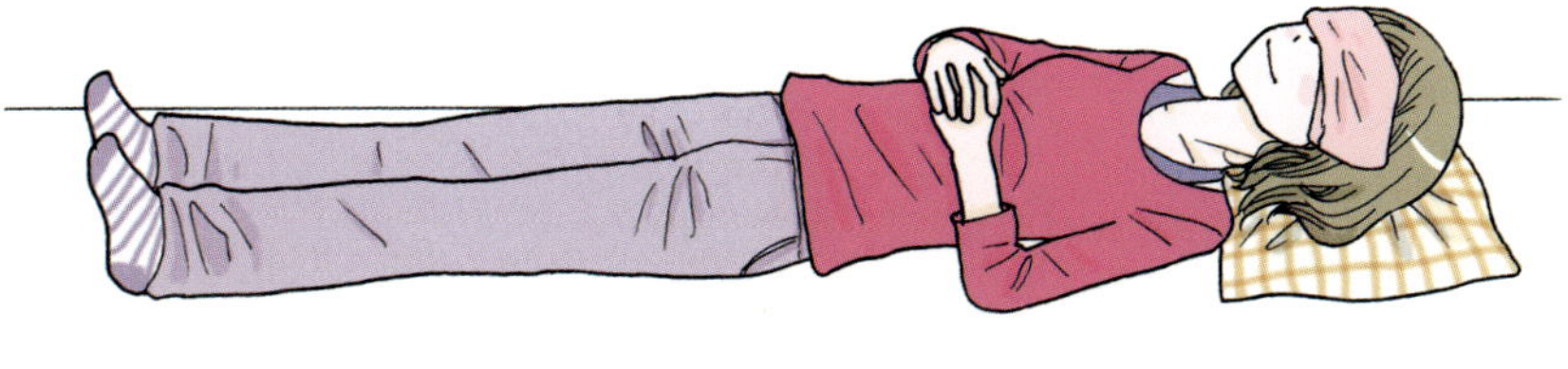

血流改善のために体を温める! 締めつけない!

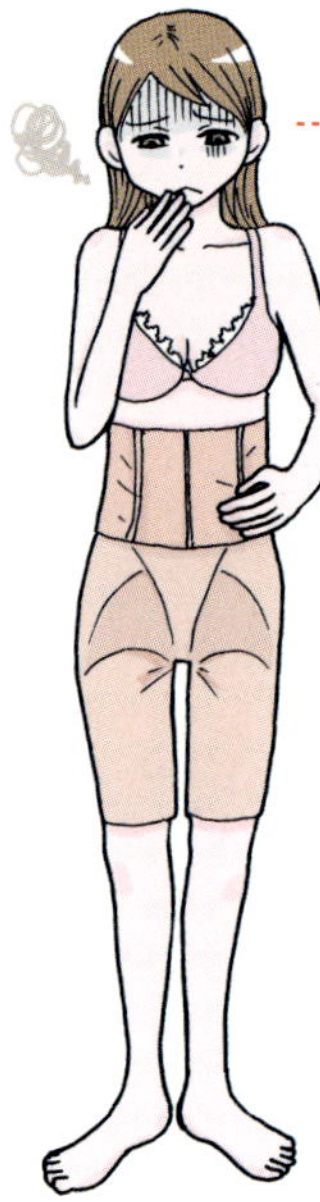

下着で体を締めつけない!

下着で体を締めつけないことも血流を良くする重大なポイント。アンダーバストのきついブラジャーやワイヤー入りブラジャー、ガードルなどもリンパの流れを阻害し、循環の悪い体を作ります。体を締めつけると脳の情報処理能力の速度を遅らせ、仕事の効率も悪くなります。最近では締めつけない下着が見直され、ロハスな女性の間ではパンドルショーツという女性用ふんどしまで流行しているほどです。

下着を天然素材に

乾燥肌や敏感肌の方などは、直接肌に触れる下着だけでも化学繊維をやめてみてはどうでしょう。化学繊維は、人間が化学的に作り出した繊維の総称です。ポリエステル、ナイロン、アクリルなど大半が石油から作られていますが、吸湿性が悪く、静電気がおきやすいという欠点があります。

肌触りが良い綿や、保湿性に加えて保温性もあるシルク、また通気性が良くて吸湿にも優れている麻などの自然素材を身につけていると、体が疲れにくく冷えにくいので、とても楽になるのを私は感じます。オーガニックコットンの締めつけない下着はデイリー使いにとてもいいですよ。

天衣無縫
スーピマ60/1 キャミソール
スーピマ60/1 ボクサーショーツ
フライス ハーフブラ ホワイト

オーガニックコットン100％の下着。着けていても体を締めつけず、皮膚が乾燥せず、体が楽に呼吸できます。キャミソール 3,465円、ボクサーショーツ 2,520円、ハーフブラ 3,990円（すべて新藤）

第2章

間違ったスキンケアで老けないために！

私のスキンケアはかなりシンプル。でも徹底的にこだわっていることがあります。それは**化粧品選びと光老化防止。**

みなさんはコスメを選ぶ時、何を基準に選んでいますか？　お気に入りのブランドだから、CMの女優さんの美肌に惹かれて、店頭で使って感触が良かったから、クチコミサイトで評判だから……などなどいろいろな理由があると思います。

でも、**美しくなりたいからと使っているはずの化粧品が、もしかしたらあなたの肌を逆に老けさせているとしたら？**

今現在使用していて感触がいいからといっても、10年後のお肌に大きく差が出る可能性もあります。

そこで、この章ではアンチエイジングの鬼流コスメチョイスの基準と、シミ・シワ防止について詳しく書いてみたいと思います。

化粧品で老けないために！　コスメ選びの重要性

私にとってアンチエイジングとは、体の歪みを取って全身の血流と神経の流れを良くしていくことと、できるだけ活性酸素を発生させずに、食生活やライフスタイルを正して血液からきれいになり、美しい細胞になることが基本です。

では化粧品はどういう位置づけかというと、加齢にともなって減少していく皮脂を補うためや、紫外線による光老化を防ぐもの、そして時々植物オイルによるフェイスマッサージで基底細胞のコラーゲン生成を促し、更に植物エキスや精油の抗シワ、抗酸化作用の助けをお肌に生かすためです。ただ、それも使う化粧品自体にお肌へのマイナス成分がないことが基本！

私自身、昔は冬になると粉を吹くほどひどい乾燥肌でしたが、「合成界面活性剤」や「合成ポリマー」の入っていないコスメにチェンジしたところ、最初は更に乾燥して物足りなく思えましたが、だんだんと肌のバリアが回復して、肌が自ら潤うようになり、現在は冬でも洗顔後化粧水をつけるのを忘れるくらいになりました。「何が入っているか」だけではなく、「何が入っていないか」という「化粧品の選び方」自体が、こんなにもお肌を変えるという事実には本当に驚くばかりだったのです。

私の初めての著書「アンチエイジングの鬼」でも化粧品の選び方についてはたっぷり書かせていただいたのですが、その後、使いたいコスメが数少ないのに業を煮やして、ついに去年自分のオーガニックコスメブランド『AMRITARA』を立ち上げました。自分が使うだけでなく化粧品作りをする側にもなり、消費者の時には分からなかった化粧品業界の裏側などを知るようになったことで、ますますコスメ選びの重要性を感じています。そこで、この章では前回よりも詳しく鬼流のコスメ選びについて書いていきたいと思います。

食べ物には気を使う人も、化粧品にはなぜか無頓着な方が多いのは、やっぱり2001年からの全成分表示の分かりにくさも原因していると思います。これまで人によっては刺激を感じたりアレルギーになる可能性がある成分は、103種類の「表示指定成分」として国が責任を持って表示を義務づけていました。ところが2001年から、企業の責任を明確にすると共に、使える成分を増やすために「全成分表示」になりました。これは安心なようでいて、実は問題をはらんでいます。それは、使われる成分がどんどん増えること。そのため新しく刺激を感じる可能性のある成分が配合されていくのに、そのことが選ぶ側に分かりにくいということです。その上、この制度は実は消費者にも責任を取らせる側面もあります。つまり**「商品の情報は公開しました。だから使用に際して何かあったとしても、それは選んだあなた自身の責任でもあるのですよ」**ということなのです。

皮膚から化学物質が吸収される「経皮毒」が問題となり、慢性乾燥肌、敏感肌、化学物質過敏症の女性が続々と増えている現代では、ある程度成分を見分ける知識と選ぶ基準を持っているのは、とても大切なことだと思います。イメージだけで化粧品を選ぶのは、もう終わりにしませんか？

さぁ次ページから鬼流のコスメチョイス法をご紹介します！

アンチエイジングの鬼流
コスメチョイスの掟

私が化粧品を選ぶ際に、掟として大切にしている5カ条がこちら。

鬼流スキンケアは、化粧品を選ぶ時点で80%が済んでいると言っても過言ではありません！
少々面倒くさいかもしれませんが、美肌のためには徹底的に選んでいきましょう！

1 植物由来であろうが、石油由来であろうが「合成界面活性剤」を使っているものは避ける

合成界面活性剤は化粧品の水分と油分を混ぜる成分で、ほとんどのコスメに入っています。しかし油になじむ性質があるため、お肌のバリアを形成している皮脂や皮脂膜ともなじんでしまい、お肌を守っているバリアをゆるめてしまう問題点があるのです。こうなると、慢性的な乾燥肌や敏感肌を作り上げてしまうだけでなく、化粧品に含まれている化学物質がバリアを破って肌の中に入り込んでしまう「経皮毒」の危険性も出てきます。「経皮毒」は本来入るはずのない化学物質が皮膚から吸収されることで、これらが血液にのって体中を駆け巡り臓器に害を与えたり、脂肪に蓄積されたりすると言われています。蓄積され過ぎて、少量の化学物質にも過敏にお肌が反応してしまう「化学物質過敏症」になっている方も増えてきているので、注意が必要です。

選び方のポイント

★合成界面活性剤の代わりに、天然の乳化剤である「レシチン」または「リゾレシチン」が使われているものが一番のオススメ！　レシチンは大豆や卵黄に存在する天然成分で、乳化作用以外にバリアを強化してくれるエモリエント成分でもある。ただし表示にレシチンとあっても、ほかに合界を使用している場合もあるので注意が必要。

★やはり天然成分である「ミツロウ」や「シアバター」で乳化しているものもあるが、これらはそこまで水となじまないので、洗い流すクレンジングなどを作るのは不可能。クリームとしては水分が少ないのでかなり油っぽくなり、皮膜性が強いので皮脂腺をつまらせたりする懸念がある。超乾燥肌の方の一時的な使用や、ボディ用や目の周りなどの部分使い用、リップクリームとして使うのはOK。
★石鹸はそれ自体が界面活性剤だが、皮膚の酸で無害化するため、洗い流す分には安全性が高い。普通肌～脂性肌の方には洗浄剤として良い。ただバリアがとても弱っている方や乾燥肌の方には、刺激が強い場合がある。その場合は天然クレイをジェル化した洗顔料がオススメ（P50を参照）。
★洗い流すタイプのクレンジングは、通常合成界面活性剤の使用量がかなり多いので、バリアを破壊する威力が一番強い。まずはクレンジングの成分だけでも見直そう！

2 合成ポリマーを使用しているものは避ける

合成ポリマーは「カルボマー」などの名称で、ゲルやジェルタイプの保湿剤や美容液によく使用されています。赤ちゃんの紙おむつにも使われている高分子吸収剤の一種で、大量の水を抱え込むことができ、要はビニールやプラスチックの一種なので手触りはツルツルになりますが、本来のお肌自体がツルツルになったわけではありません。安くて腐らないので「パラベンフリー　無添加」などと宣伝されて売られているものが多いです。無刺激で分子量が大きいため肌からは吸収されませんが、皮膜性が強いので肌に貼りついて落ちにくいのが問題点。しかも微生物が分解できない成分のため、洗い残すと慢性的に肌に残留しやすいという傾向もあります。私の知り合いでプラスチックの専門家の方に、カルボマーが化粧品に使われていると話したところ「あり得ない！」と心底驚いていました。

選び方のポイント

★「〜ゲル」「〜ジェル」などの商品名のものは成分表をチェック！　カルボマーではなく、キサンタンガムやアルギン酸、ペクチン、マンナンなど植物性天然ポリマーのものを選ぼう。

3 合成防腐剤を使っているものは避ける

パラベンは人により接触性皮膚炎の可能性、アレルギー性湿疹を起こす危険性がありますが、1種類で配合量が0・1％くらいなら実のところあまり問題はありません。ただブチルパラベンは環境ホルモンの疑いが消えていないので、できれば避けたいところ。また、パラベンだけが合成防腐剤の悪の象徴のように扱われますが、フェノキシエタノールも毒性が強く、パラベンより防腐力が若干落ちるので量を多く配合されていることが多いです。また、天然でもヒノキチオールには動物での催奇性があるので、配合量は厳しく制限されています。

選び方のポイント

★防腐剤は、全成分の一番後ろのほうに書いてあることが多いので、何を使っているか確認してみよう。グレープフルーツエキス、ローズマリーエキスなど防腐作用のある安全な植物エキスもあり、植物の精油の抗菌作用をうまく利用している製品もある。

★エタノールが成分表のかなり前にきている場合はアルコールの防腐効果を使っている可能性があるが、人によってはこれに刺激を感じることもあるので敏感肌の方は要注意。
★強い防腐剤を使っていないメーカーは、たいてい消費期限が短いのが特徴。エアレス容器などを採用して工夫している。

4 メイク用品で、シリコン性の合成ポリマー、タール色素を使用しているものは避ける

「ジメチコン」「メチコン」「シクロメチコン」などと書いてあるのが合成ポリマーで、発色も良いし使いやすいけれど、肌に貼りついて落ちにくいので合界たっぷりクレンジングが必要となり、バリアを壊しかねません。洗い残すと慢性的に肌に残留しやすいのも問題点ですが、落とそうとゴシゴシこすりすぎるのも、お肌を傷め色素沈着を起こしやすいので困ったものです。

タール色素はメイク用品の色をつけるのに使用されている合成色素です。お使いのメイク用品の全成分を見てみましょう。赤色5号とか、黄色4号、橙色205号、青色1号、緑色201号などと、○色○号という表示はありませんか? タール色素は発がん性やアレルギー性が認められているものもあり、世界的にも少しずつ禁止の色素が出てきていて、ノルウェーやスウェーデンでは全面禁止となっています。日本で使用が認められているタール色素は食品で12種類ですが、化粧品成分として許可されているものはなんと83種類もあり、こ

れはアメリカの2・5倍です。

特に口紅やグロスは、食べ物と一緒に口の中に入りやすいですし、そもそも唇には角質層がほとんどないので容易に経皮吸収しやすいのが問題です。まぶたも角質層が薄くてバリアの弱い箇所なので、毎日使うのは避けたほうがいいと考えています。

選び方のポイント

★「ジメチコン」「メチコン」「シクロメチコン」などと書いてある合成ポリマーや、○色○号と表示のあるタール色素を使用しているものは避けて、天然顔料や天然色素のものを選ぶ。天然色素のものには、マイカ、シリカ、酸化鉄、グンジョウ、カルミンなどの表示がある。

★オキシ塩化ビスマスという成分はパール感を出すためによくナチュラルコスメにも入っているが、人によっては刺激を感じる方もいるようなので注意が必要。

5 日焼け止めやメイク用品で、「ナノ粒子」を使用しているものは避ける

ファンデーション、メイク用品もそうですが、特に日焼け止めに多く含まれている酸化チタンなどのナノ粒子に要注意です。これは天然鉱石由来ですが、体内に入ると代謝されづらくて蓄積されやすいために発ガン性を指摘されています。酸化チタンでも100ナノメートル以上の大きい粒子であれば、粉体で鼻や口から吸い込まない限りあまり問題ありませんが、100ナノメートル以下、特に50ナノメートル以下の「ナノ粒子」は皮膚から経皮吸収する

可能性があるとして、現在非常に問題となっています。米国立毒性研究センターで、マウスの皮膚にナノ粒子を塗布したところ、数分後にはリンパ節でナノ粒子が検出されたり、マウスにナノ粒子粉体を吸引させると脳で検出されたといった実験結果が公表されています。大きさがピンとこないと思いますが、インフルエンザウイルスが約80ナノメートルですから、ナノ粒子はそれよりも小さいということになります。お肌の細胞と細胞の間が40～60ナノメートルなので、体内に入り込む可能性があるのです。

ところが特に酸化チタンのナノ粒子は、現在使っていないものを探すのが大変なくらいメイク用品や、日焼け止めの主流原料となっています。理由は白浮きせずにきれいに発色することと、非常にUVカット効果が高いからなのです。しかし世界ではナノ粒子は第二のアスベストになる可能性があるとして、欧州を中心に規制の動きが出てきています。日本はかなり対応が出遅れていて今現在何の規制もありませんから注意が必要です。

選び方のポイント

★これは成分表を見ても分からないので判別不能。正確には企業に問い合わせるしかない。
★特にSPF30以上の日焼け止めに酸化チタンが入っていれば、それはおそらくナノ粒子と考えてい い。SPFが30以上なのに、お肌に塗ってみて白浮きもせず透明感があるならますます怪しい。
★パウダリーファンデーションでSPF20以上なのに、塗ってみてあまり白浮きせずに使い心地がいいなら、ナノ粒子を使用していると考えられる。ミネラルファンデーションでも、使ってみてあまりにも透明感のあるものはナノ粒子を使用している場合がある。

アンチエイジングの鬼流　化粧品裏ラベルの読み方

２００１年４月から化粧品の裏ラベルやパッケージには全成分が表記されることになりました。同時に一部を除いて成分の配合が自由化されたこともあって、化粧品の成分は新しい物もどんどん増え続け、全成分を見てもさっぱり分からないというのが多くの女性の正直な気持ちでしょう。たくさんの成分の種類は覚えきれないし、分厚い成分辞典を片手に化粧品カウンターに行くわけにもいきません。そこでアンチエイジングの鬼的に注意しておきたい３種類の問題成分に焦点を絞って、裏ラベルを見ていきましょう。１つ１つが覚えきれなくても、化粧品のタイプ別ラベルの特徴を覚えてしまえば、ぱっと見ただけでだいたいのことが分かるようになってきますよ！

ただ、実は裏ラベルを見ただけでは消費者には分からない問題もあります。私も自分自身でオーガニックコスメのプロデュースをやる中で知ったのですが、つくづく驚いたのはキャリーオーバー成分の存在。キャリーオーバー成分とは、ある１つの原料を抽出したり保存したりする時に使用される成分で、使用量に関係なく全成分に表示する義務はありません。消費者がちゃんと選べるように、すべてのメーカーが全成分にキャリーオーバー成分も表示してくれたらいいのになと願っています。

それでは次ページからクリームを例にとって、ありがちな全成分表示をいくつかご紹介します！

化粧品ラベルで読み解く 化粧品のタイプ（例：クリーム）

赤字●合成界面活性剤　青字●合成ポリマー　オレンジ●合成防腐剤

A よくありがちなケミカル化粧品のラベル

全成分：水、グリセリン、ラウロイルグルタミン酸ジオクチルドデシル、イソノナン酸オクチル 、ナイアシンアミド、トリオクタノイン、BG、ジオクタン酸ネオペンチルグリコール、ホホバ油、ポリ綿実脂肪酸スクロース、ミリスチン酸ミリスチル、ステアリン酸グリセリル(SE)、ペンチレングリコール、水添ココグリセリル、ステアリン酸ソルビタン、ミリスチルアルコール、ステアリン酸PEG－40、バチルアルコール、ポリアクリルアミド 、ベンジルアルコール、酢酸トコフェロール、パンテノール、ポリソルベート65、トリ(カプリル／カプリン酸) グリセリル、トリベヘニン、水添ポリイソブテン、メチルパラベン、水添レシチン、EDTA－2Na、ブチルパラベン、ツボクサエキス、ラウレス－7、チャ葉エキス、ソウハクヒエキス、セラミド2、プロピルパラベン、エチルパラベン、PEG－10アブラナ種子ステロール、アスパラギン酸Mg、グルコン酸亜鉛、水酸化Na

特徴 ぱっと見て意味の分からないカタカナ名称が多いのが特徴。防腐剤のパラベンかフェノキシエタノールを使っているものが多い。合成界面活性剤や合成ポリマーの種類がとにかく多い。

全成分表記のルール

★配合量の多い順番に書いてある。
★容器が小さすぎて書けない場合に限り添付文書などに書く特例あり。
★1%未満成分はまとめて表記する。1%未満成分は順不同でOK。
★キャリーオーバー成分※は記載しなくてOK。
※植物エキスなどに入っている微量防腐剤や酸化防止剤のこと
★着色料は最後にまとめて表記する。

B 無添加化粧品にありがちなラベル

全成分：水、ジメチコン、BG、グリセリン、スクワラン、DPG、ペンチレグリコール、ホホバ種子油、カミツレエキス、コラーゲン、クレアチン、アラニルグルタミン、ヒアルロン酸、ラフィノース、マカデミアンナッツ油、マカデミアナッツ脂肪酸フィトステリル、ローズマリーエキス、水添レシチン、セチルPGヒドロキシエチルパルミタミド　(アクリル酸ヒドロキシエチル/アクリロイルジメチルタウリンNa)コポリマー、カルボマーK、ステアリン酸ポリグリセリル－10、ジステアリン酸ポリグリセリル-10、トコフェロール、ポリソルベート60、イソステアリン酸ソルビタン

特徴 Aに比べると分かりやすい名称がまだ多いが、カルボマーやジメチコンなどの合成ポリマーや合成界面活性剤は含まれている。パラベンは無添加。BG、ペンチレングリコール（アルコール）で防腐をしていると考えられる。

C オーガニックコスメにありがちなラベル

全成分：水、エタノール、ホホバ種子油、グリセリン、ダマスクバラ花油、オレイン酸グリセリル、カルナウバロウ、ミツロウ、ケイ酸（Al／Mg）、カミツレエキス、ダマスクバラ花ロウ、スギナエキス、アルニカエキス、ステアリン酸グリセリル（SE）、シア脂、キサンタンガム、カラギーナン

特徴 AやBと違い、植物の名称が多いのが特徴。合成ポリマーは含まれないものが多い。植物性の合成界面活性剤が1種類か2種類含まれている。合成防腐剤は無添加だがエタノールが2番目に来ているので、エタノールで防腐効果を出していると考えられる。

D かなり好感が持てるラベル

全成分：水、オリーブ油、ホホバ油、アロエベラ葉、オリーブ葉エキス、ビルベリーエキス、ミツロウ、シア脂、レシチン、ハチミツ、チャエキス、ダマスクバラ花油、ハマメリスエキス、ローズマリーエキス

特徴 すべて植物の名称か、何が入っているか容易に想像できる名称が多い。合成界面活性剤も合成ポリマーも合成防腐剤も含まれない。

裏ラベルを見ればこんなことが分かる！

さて、いよいよ裏ラベルを読み解いていきましょう！　市販されている化粧品のラベルを見ているとだいたいこの4つのタイプに分けられると思います。大半がAのようなラベルで、見ても目が痛くなってくるようなカタカナ文字の羅列が特徴です。ボトルやポスターの雰囲気で思わず買ってしまうというような商品です。ここにはラベル例をあげませんでしたが、海外輸入のケミカルものなんかもっとすごいです。合成ポリマーとパラベンと合成界面活性剤がもっと何種類も入っていて、有効成分のほうが2、3個と数少なく、驚いてしまいます。

Bは無添加を標榜しているブランドにありがちなラベル。無添加といっても何が無添加なのかがはっきりしていないものも多く、注意が必要です。パッケージやデザインなどからなんとなく安全で安心な雰囲気がして、値段も安価で買いやすいのが特徴です。たいていは旧指定成分（今の全成分表示が義務づけられる前に、国によって「表示指定成分」となっていた、人によってはアレルギーや刺激を感じるかもしれない１０３種類の成分）が無添加という意味のブランドが大半です。しかし、これはあまり意味がないことです。なぜなら２００１年の法改正以降、今や化粧品の成分はどんどん増え続け、合成界面活性剤だけでも３０００種類以上あります。アレルギーも多様化しているので、この１０３種類以外にもいくらでも刺激のある成分は増えています。いまだに１０３種類だけを無添加といっている意味がよく分かりません。しかも、パラベンは確かに無添加ですが、パラベンを入れなくてすむように、カルボマーなどのそもそも腐らないビニールポリマーを入れているのが特徴です。成分自体は１０３種類以外はAのようなタイプの化粧品とさほど変わりはありません。ただ、メイク用品の色物にタール色素を使っていないことは評価できます。

Cはオーガニックコスメによくあるタイプのラベル。かなりシンプルで、成分名を見ただけで何が入っているかだいたい想像できるのが特徴です。ただ、クリームや乳液やクレンジングには植物性ですがたいてい合成界面活性剤が入っています。ですが通常1種類か多くても2種類と、かなり良心的です。ただし、オーガニックコスメといってもオーガニック認証団体が許可している安息香酸Naとかソルビン酸Kなどの超ケミカルな保存料が入っていることも結構あります。

Dのような合成界面活性剤も合成防腐剤も合成ポリマーも入っていない化粧品にはなかなか出合えませんが、発見するとそのラベルのすっきりとした美しさに胸を打たれます。このような全成分のコスメは、オーガニックコスメやナチュラルコスメの中にまれに発見できますよ！

植物エキスと精油の効果

近年フィトケミカルと呼ばれる、植物が持つ抗酸化成分が次々と発見され、化学物質からハーブへと人々の関心は再び回帰するようになりました。植物の持つフィト（植物）エナジーには、私達が生まれながらに持っている自然治癒力を高めてくれたり、お肌を美しくしてくれる力があるのです。

しかし、日本では薬事法の関係で、コスメに植物エキスや精油が入っていてもその効果が何なのか明確に書かれていることはまずありません。ハーブは何千種類もあるのでとてもすべて書けませんが、私がアンチエイジング的に注目しているものを書いてみたいと思います。今後全成分表を見て化粧品を選ぶ時の参考にしてみてください。

植物エキス	精油
★ローマンカモミールエキス 加齢と共に減少する真皮にあるグリコサミノグリカンを増やし、ふっくらとしたやわらかい肌に導く。	**★キャロットシード** 顔色を良くし、肌のハリと弾力を高める。抗シワ作用、美白作用あり。
★ローズマリーエキス メラニンの生成を抑制する美白作用、消炎、収れん作用、抗酸化作用、血行促進作用、殺菌作用がある。	**★ローマンカモミール** お肌にハリをもたらし、抗炎症作用あり。ニキビにも有効。
★ホワイトバーチエキス 白樺のエキス。新陳代謝を促し、老廃物を排出させ、お肌を引き締める作用がある。	**★ネロリ** 細胞再生作用があり、肌のハリや弾力を復活させる。
★ハマメリスエキス 毛穴を引き締め、過剰な皮脂を抑える。メラニン抑制作用、抗酸化作用あり。	**★フランキンセンス** アンチエイジングの代名詞。老化した肌を活性化し、抗シワ作用あり。
★セージエキス 毛穴を引き締め、殺菌、消炎、抗酸化作用がある。	**★イモーテル** 永久花と呼ばれ、古代から傷の手当てに使われる。細胞再生促進作用がある。
★チャエキス 緑茶のエキス。毛穴を引き締め、抗酸化、メラニン抑制、美白作用がある。	**★ダマスクローズ** 老化肌、乾燥肌、硬い肌に働きかける精油。細胞再生を促し、ハリをもたらす。
★ゲットウ葉エキス コラーゲンの生成を促進し、コラーゲンの分解を抑制する作用、抗菌作用がある。	**★パルマローザ** シワに強力に働きかける精油。乾燥肌にも有効。
★シコンエキス 漢方の生薬として使用され、傷の回復や炎症を鎮める作用がある。紫外線防止作用も。	**★ローズウッド** 細胞活性作用、抗シワ作用があり、ハリも回復させる。
★ビルベリーエキス コラーゲンやエラスチンを分解する酵素を阻害し、シワやたるみ予防、美白作用あり。GABAを増やすことで細胞も活性。	**★スイートオレンジ** 毒素排泄作用があり、シワ肌にも有効。
★イチジクエキス お肌に透明感を与えてシミを防ぐ美白作用あり。新陳代謝も促進。	**★ジュニパーベリー** 毒素排泄作用が高く、セルライトに有効。
★キューカンバーエキス きゅうりのエキス。収れん、保湿、美白、消炎作用がある。	**★サイプレス** 体液のバランスを良くするので、むくみに効果的。
★キャッツクローエキス（AC−11） 紫外線が原因で壊されたお肌のDNAの修復を助ける作用。	**★ブラックペッパー** 血行を良くし、体を温める。ニキビにも有効。
★オリーブ葉エキス 紫外線による活性酸素から肌を守る働きや、抗菌、抗炎症作用がある。	**★柚子** 血流を良くし、新陳代謝を活発にする。リモネンに保湿作用もあり。
★ブドウ種子エキス 紫外線や活性酸素から肌を保護し、シワやシミを予防する。	**★真正ラベンダー** 細胞再生を促す作用、皮脂の分泌のバランスをとる作用あり。香りはリラックス効果が高い。
★アサイーベリーエキス 抗酸化作用が高く、お肌を活性酸素から守る。シワやシミにも有効。	**★ローズマリー** 収れん作用が高く、たるみにも有効。お肌の血流も良くし、香りは記憶力も高める。
	★パチュリー 細胞の再生作用があり、抗炎症作用あり。ニキビにも有効。
	★フェンネル 抗シワ作用があり、抗菌作用、浄化作用が高い。

アンチエイジングの鬼流
許せる市販化粧品カタログ

私が探し出し、愛用している市販の化粧品がこちら。
鬼的基準に照らして大丈夫なものばかりです。
さらに、私がプロデュースしているAMRITARAの製品も併せて紹介します。

スキンケア品

洗顔料

【クレイジェルタイプ】
乾燥肌の方にはこのタイプが一番良い。

AMRITARA
ソフトクレイジェルウォッシュ

まるで柚子ゼリーで洗っているみたいな、クレイジェル洗顔料。洗いあがりがしっとりで乾燥肌には最適。3,780円（AMRITARA）

ゼノア　びがんこ
シンプルなクレイ洗顔料。エチルパラベンが入っていますが、0.1%以下の含有量で良心的。1,575円（ゼノア化粧料本舗）

【石鹸タイプ】
夏の季節やオイリースキンにはこちら。

アンティアンティ
PT.ローズオーガニックソープ
オーガニックのローズウォーターベース。泡で出てくる洗顔料。3,675円（アンティアンティ）

AMRITARA
クリーミーホイップソープ
真正ラベンダーとローズマリーのほのかな香りがさわやかな、泡で出てくる洗顔料。3,150円（AMRITARA）

クレンジング

レシチンか石鹸で乳化されていて、洗い流すタイプが肌に一番負担をかけない。

Dr.ハウシュカ
クレンジングミルク
肌の調子を整えるアンチリスブルネラリアエキスが入っているレシチン乳化クレンジング。4,200円（グッドホープ総研）

マルティナ
ハッピーエイジ
クレンジングミルク
エイジングケアのために、キャッツクローと睡蓮のエキスが入っているレシチン乳化クレンジング。5,880円（おもちゃ箱）

AMRITARA
リラックスアロマ クレンジングクリーム
スクワランが入っていることで、幅広いメイク落としに対応できるレシチン乳化クレンジング。4,200円（AMRITARA）

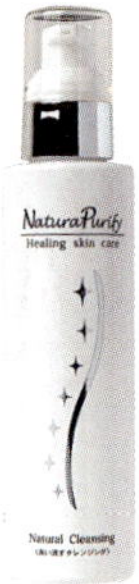

ナチュラピュリファイ
ナチュラルクレンジング
使用前に石鹸成分と植物油を手で振って乳化させる、まるでドレッシングのような珍しいクレンジング。7,140円（ナチュラピュリファイ化粧品）

部分使いにオススメなミツロウ乳化クリーム

私はハンドクリーム、角質ケアなど部分的な使い方をしています。

エジプシャンマジッククリーム
ジャパンエキストラバージョン
ローヤルゼリー配合の硬めのバーム。ハンドクリームや乾燥した箇所に重宝します。15,750円（蒼基）

コーラルムーン
テイートリークリーム
ミツロウベースのわりに柔らかいクリーム。殺菌力があるので薬のような使い方をしています。2,415円（フレッシュ）

ジェル、セラム

カルボマーなど合成ポリマーではなく、アロエベラやアルギン酸、キサンタンガム、マンナンなどの天然ポリマーベースのものが理想。

タウトロッフェン　アクアタオ
南フランスのオーガニック花畑で早朝に摘まれたトーチリリーの花の蜜をたっぷりと配合。6,825円（おもちゃ箱）

ファファラ
アロエ·シア スキンシーラム
ヒアルロン酸、ツボクサエキスなど配合のアロエ美容液。5,565円（セミンツ）

オーブリーオーガニクス
ベガセルナイトハイドレーター
海藻エキスと16種類のハーブを凝縮。オイリースキン向き。3,990円（ミトク）

AMRITARA
ダマスクローズ
モイスチャージェル
天然セラミドの多いこんにゃくのマンナンジェル。アロエや月桃エキスは沖縄産。
5,145円（AMRITARA）

ヴェレダ
コンブドロン
ジェル
日焼け後のケア向き。イラクサエキス、アルニカエキス配合。
2,100円（ヴェレダ·ジャパン）

クリーム

レシチンかリゾレシチンで乳化されているものが良い。

ヴェレダ
アイリス
デイクリーム
毛穴を引き締めるハマメリスエキス入りのデイクリーム。3,150円（ヴェレダ·ジャパン）

Dr.ハウシュカ
ローズデイクリーム
ぜいたくにバラエキスなどが入った、ほのかなローズの香りのデイクリーム。アルコール不使用。4,200円（グッドホープ総研）

AMRITARA
フィトエナジー
クリーム
サハラ砂漠のアルガンツリーのオイルが日中のお肌を守ります。
5,250円
（AMRITARA）

日焼け止め

クイントエッセンシャル
サンスクリーンSPF30
主にボディ用として使用しています。結構白くなりますがのばせば大丈夫。ニュージーランドのショップのため購入はネットのみ。
3,200円（レリッシュ アオテアロア）

オードヴィーブ
サンスクリーン SPF25
顔用として長く愛用中です。香りも良くて最高です。5,000円（トータルヘルスデザイン）

MIMC
ミネラルパウダー
サンスクリーン SPF20
パウダータイプのサンスクリーン。やや白くなりますが、外出先でいざって時にメイクの上からパパッとはたけて重宝します。5,040円（MIMC）

Dr.ハウシュカ
サンスクリーンスティック SPF30
部分使いの日焼け止めです。シミになりやすい頬骨など、リゾートでもささっと塗り直せて便利です。汗や水にも強いウォータープルーフ。2,415円（グッドホープ総研）

ノンナノ粒子でノン合成ポリマー、ノンタール色素、ノン合成界面活性剤という厳しい基準をクリアしているものも、探せば見つかります！

メイク用品

ファンデーション、コンシーラー、パウダー

MIMC
ミネラルパウダーファンデーション(左)
ミネラルコンシーラー(右)
ポンポンはたいてつけるファンデ。カバー力は結構あります。ノンナノですが粉を吸い込まないように注意。コンシーラーは美白成分も入っています。ファンデ 5,775円、コンシーラー 4200円（ともにMIMC）

ナチュラピュリファイ
ピュア･パウダーファンデーションノンナノ(下)
ピュア･カバーコンシーラ(右)
ナノ粒子不使用でノン合界ノン合ポリの、カバー力のある希少なパウダリーファンデ。コンシーラーはカバー力も強力で優秀。ファンデ 4,725円、コンシーラー 3,990円（ともにナチュラピュリファイ化粧品）

ロゴナ
カラーデイクリーム
ティントクリームなので薄づきですが、ナチュラル派の方ならこれとお粉でも結構いけます。2,940円（ロゴナジャパン）

ヤーマン
オンリーミネラルファンデーション
透明感のある仕上がりのノンナノミネラルファンデ。日本人向けは16色あり、色数が多いのが嬉しい。3,990円（ヤーマン）

オーブリーオーガニクス
シルケンアーストランスルーセントベース
シルクパウダーとタピオカデンプンをベースにしたフェイスパウダー。仕上げに。3,990円（ミトク）

グロス、口紅

ナチュラピュリファイ
ピュア･リップグロス(右)
ピュア･リップスティック(下)
使いやすいかわいい色がたくさん揃っています。リップグロス 各3,150円、リップスティック 各4,410円（すべてナチュラピュリファイ化粧品）

サンコート
リップシマー
リップクリームと口紅のハーフ感覚で使えます。各1,785円（すべてクレアポルト）

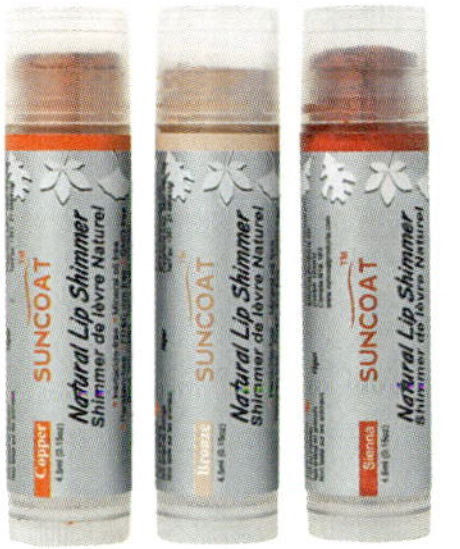

ロゴナ
リップグロス
キラキラしていてきれいに仕上がります。2,310円（ロゴナジャパン）

MIMC
ミネラルグロス
珍しくコチニール(えんじ虫)が使われていないピンク系グロスが希少。3,990円（MIMC）

アイカラー、チーク

オーブリーオーガニクス
シルケンアースブラッシュパウダー
シルクパウダーベースのカラーパウダー。チークにもアイカラーにも。
1,890円（ミトク）

Dr.ハウシュカ
アイシャドー
シルクが配合された優しいアイシャドー。
2,205円（グッドホープ総研）

ラヴェーラ
ナチュラルアイシャドーデュオ(上)
ナチュラルチーク(下)
乾燥からお肌を守るセラミド入り。アイシャドー 3,360円、チーク 3,150円（ともにナチュラルレーベン）

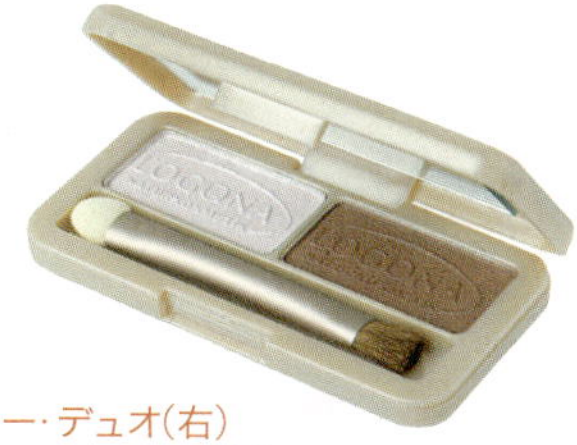

ロゴナ
アイカラー･デュオ(右)
チークカラー･デュオ(左)
それぞれ、2色組のところが使いやすくて嬉しい。
各2,835円（ともにロゴナジャパン）

MIMC
ミネラルカラーチーク(上)
ミネラルカラーパウダー(右)
ミネラルだけでできているのに、発色がよく色数も多い。チークがポンポンつけられるのは便利！ チーク 3,360円、パウダー 各1,575円（すべてMIMC）

マスカラ

サンコート
ナチュラル
シュガーベース
マスカラ
安心成分のわりに、パンダ目になりにくいのが秀逸。
2,677円
（クレアポルト）

ナチュラピュリファイ
ピュア･アイカラー(右)
ピュア･チークカラー(左)
かわいいパステルカラーも揃っています。
アイカラー 各3,360円、
チークカラー 3,675円（すべてナチュラピュリファイ化粧品）

※その他、成分はケミカルでもフィルム状に固まり、お湯でスルッと落ちるタイプのマスカラは、比較的肌に負担が少ない。

やっぱり気になる光老化対策　シワとシミを作らないために

意外に油断しやすい、地面からの反射！

皮膚を早く老化させる大きな原因は、なんと言ってもやはり紫外線による光老化です。UV-Aが年間一番多いのは5月で、UV-Aが多いのは7月と8月ですから、この間の外出時には日焼け止めだけでなく日傘、帽子、サングラスと何段階にも油断せず光老化対策をとっています。日傘をさせないような場面ではツバが15cmくらいある完全遮光のサンバイザーを愛用しています。ただ、意外な盲点は地面からの反射なんです。以下は気象庁のページに載っていた地面の反射率です。

新雪 80%　砂浜 10〜25%　水面 10〜20%　アスファルト 10%　草地・土 10%以下

やはり炎天下での外出では、帽子よりは反射が少なくなる日傘がベスト。でも日傘でも完全に反射しないわけではないので、日焼け止めをこまめに塗りなおすようにしましょう。草や土はかなり反射が少ないので安心ですが、山では1000m上がるごとに10%の割合で紫外線が強くなっていくので油断は禁物です。雪山とかすごいんでしょうね……。

ただし、過剰に太陽を避けすぎると骨を丈夫にするビタミンDの合成が行われません。

サンバリア100 **完全遮光サンバイザー**
UVカットなんてもう古い！　自転車に乗る時などに愛用している100%完全遮光のサンバイザーです。こちらは地面からの反射もかなり防いでくれる完全遮光日傘で有名なサンバリア100の商品。7,800円（ハンドインハンド）

ビタミンDにはガン化した細胞を正常に戻す働きもあるので、顔以外の部位で適度に日光浴はするようにしてくださいね！

老けて見える元凶　シミについて

ところで、光老化とシミは実は同じ範疇では語れません。とにかく紫外線にあたるとシミになるって思い込んでいませんか？　でも実は日焼けして肌が黒くなるのは、肌のDNAを守るためにメラニン色素を生成するという、肌の防御策の1つです。通常は、たとえ日焼けしても、その後垢となって剥がれ落ちてしまいます。シミになるのは以下の場合だと考えられます。

●**日焼けしすぎた場合、いつも無防備に紫外線を浴びている場合。**↓メラニン色素が過剰に産生されて、長期間肌に残っているせいで、剥がれ落ちる前に色素沈着してしまう場合がある。いつも紫外線に無防備だと肌の奥にある「潜在シミ」も表面化しやすくなる。

●**新陳代謝がとても衰えている場合。通常は28日周期の肌の生まれ変わりが、40歳では40日になっている人もいるそう。**↓細胞の入れ替わりが遅く、紫外線を浴びると、これが代謝されずシミとして長い間残ってしまう。

●**砂糖入りのお菓子を食べすぎる。**↓悪玉菌を食べる白血球のマクロファージが大量の活性酸素を出し、これが皮膚に出るとリポフスチンという物質になり、シミのもとになる。

●**添加物の多い食事や、酸化した油、強いストレス、睡眠不足。**↓メラノサイトを刺激するコルチゾールが増えて、シミを作りやすくなる。

●生理前、妊娠中、そしてピルを飲んでいる人。↓「黄体ホルモン」が増えるが、これにより角質が肥厚しメラニン色素が形成されやすいのでシミができやすくなる。紫外線にあたらなくてもできる場合あり。頬骨に左右対称にできる肝斑もこれにあたる。

●肌を強くこすったり、化学物質が多い化粧品を使う。↓肌を守るためにメラノサイトが活動して、シミを作りやすくなる。

●ニキビや化粧品による炎症の跡が、色素沈着する場合。↓ニキビや合わない化粧品でお肌が炎症を起こすと、「肌のピンチ!」と思ってお肌を守るためにメラニンが発動して茶色く変色する場合がある。

できてしまったシミ対策は?

「太陽にすごくあたってしまった!」と思った日の夜は、ひたすら肌を冷やすこと。そして、トマトとスイカを食べること! これらに含まれるリコピンは、紫外線によって生じる活性酸素を無害化してくれる働きがあります。

シミができてしまっても諦めは禁物! 真皮までいっている深いシミを完全に消すのはなかなか難しいですが、浅いシミなら、良くない化粧品や間違ったお手入れでお肌にストレスを与えるのをやめて、食生活を正してビタミンCや抗酸化物質を摂っていれば、いつかはターンオーバーで剥がれ落ちていきます。加齢で新陳代謝がとても衰えている場合は、エクササイズで血流を良くしたり、半身浴をしたり、時々優しくオイルマッサージしてお肌を活性化してあげましょう。

お肌を強くこすらない！

お肌の角質層はわずか0・02㎜です。先ほど書いた通り強い摩擦もお肌に刺激を与えることになるので細胞の防衛作用によってメラニンを過剰生成してしまい、シミができやすくなったりシミが濃くなったりします。特に肝斑はこすると確実に濃くなります。また、角質が剥がれすぎて角化不全を起こして、未熟な角質となってバリアの弱い乾燥肌になることもあります。とにかく、肌はやみくもに強くこすらないこと！　特に目の周りや、口の周りは角質が薄いので気をつけてください。

ポイント

★毎日の洗顔で肌をこすりすぎない。優しく洗おう！
★クレンジングはふき取りではなく、洗い流せるタイプのものを選ぶ。
★洗顔してからタオルで肌をこすらない。水分を押さえるようにする。
★ファンデーションを塗る時、パフでこすらず、のせるようにする。
★落ちにくいメイク用品、ラメ、ウォータープルーフマスカラなどはできるだけ避ける。
★フェイスマッサージは週に2回程度にし、その際もオイルなどですべりを良くして、強くこすりすぎないようにする。
※スクラブ剤を使う場合は、ターンオーバーの低下により角質が厚くなってザラザラしているような時に、強くこすらないようにしながら単発で使う。

天衣無縫
スーピマソフトフェイスタオル
このタオルはオーガニックのスーピマ綿という吸水性に優れた長い綿を使い、フワフワの柔らかさでオススメです。1,260円（新藤）

鬼流美容エトセトラ

私の化粧水の選び方

P50 〜の「許せる市販化粧品カタログ」には化粧水を載せませんでした。これは、化粧水はほとんどが水分なので、比較的合成界面活性剤を使わずに作りやすいため、他のスキンケア商品よりは優良商品が多く、探しやすいから省いただけで、化粧水を軽視しているわけではありません。化粧水でも防腐剤は使われることが多いですし、油分を入れ込むために合成界面活性剤を入れたり、信じられないことにタール色素で色をつけている物もたまにありますので、やはり裏ラベルには目を光らせておきましょう。私は植物の蒸留水をベースにした化粧水が大好きで、ここ5、6年はダマスクローズウォーターベースのものをずっと愛用しています。ローズは細胞も活性化してくれるし、女性ホルモンのバランスも整えてくれるし、お肌のバリアの回復も高めてくれるので最高です。

オーガニックコットンでローションパックを！

過剰に皮脂が多いオイリー肌は、実は水分不足が原因のことも多く、乾燥肌の方にももちろん水分が必要なため、どんな肌質の方にもローションパックはオススメです。フェイスシートにお手持ちの化粧水を染み込ませて、顔に3分程度のせ、必ず化粧水が乾かないうちに終了します。この時のフェイスシートは肌あたりが柔らかで残留農薬の心配もないオーガニックコットンのものをぜひ使ってほしい！　夜は、そのあと油分の含まれる軽めのジェルでケアします。なぜ軽めのジェルをオススメするかというと、細胞が生まれ変わる夜に、毎晩たっぷりオイルや栄養クリームで油分を補給し過ぎると、お肌の皮脂を出す能力が退化しやすいから。肌質にもよりますが、通常は顔にオイルを使うのは週に2度までにするとベストだと思います。

プリスティンケア フェイスマスク
オーガニックコットンを使ったフェイスシート。製綿の工程でも蛍光増白剤等は使わず綿本来の柔らかさを保っています。 630円（アバンティ）

シルクの枕カバーはスキンケアの一部と考えよう！

シルクに含まれるセリシンは皮膚や髪にとてもなじみの良いアミノ酸。シルクは保湿性が高く通気性も抗菌性も高くて、夏涼しく冬暖か。お肌のためには最高の素材。1日のうち6〜8時間もの間、顔に接している枕カバーを、まずはシルクに変えてみましょう！ 朝起きたらお肌も髪もツヤツヤです。

シルクサテンピロケース
シルクでも、比較的リーズナブルなお値段なので愛用しています。1,998円（絹物語しらはた）

第3章

これが究極のアンチエイジング食だ！

私がアンチエイジングのためにかなり重要視しているのは、**なんといっても「食」**です。

私のこれまでの著書でも、食についてはたっぷりと書かせていただきましたが、この章ではその後更に極めたアンチエイジング食や、細胞から生まれ変わるプチ断食法について書いてみたいと思います。

また、抗老化のためにお砂糖を摂らないことをオススメしてきましたが、たまに食べるスイーツは心の栄養でもあるので、お砂糖を使っていない、罪悪感なく食べられるお菓子についても目いっぱいご紹介しようと思います。

細胞は毎日生まれ変わっているので、いつからでも取り返しがつきます。今日決意して今日から始めれば大丈夫。**今日食べたものがあなたの細胞を作るのです！**

アンチエイジング食を極めよう!

私達の細胞は私達が食べた食物によって日々生まれ変わっています。人間の寿命を決定している25%は遺伝的要因ですが、75%は環境要因ですから、何をどう食べるかということは、アンチエイジングにとってすごく重要なことです。

しかし、食べ物はそのままの姿では私達の体で利用することはできません。例えば、食べたタンパク質が酵素によってアミノ酸にまで分解されなければ、小腸から吸収されて血液にのって体の組織を形作ることができないのです。要するに**「食べたものがきちんと消化されること」**はかなり重要なことです。そして**「消化作業のあとの残りカスである便はすみやかに体外に排出されること」**、これも毒素を溜めないために大切です。

自分の昨日の食事が美しい細胞を作るためにふさわしいものだったかどうかは、翌日の排便を見れば一目瞭然です。便秘はもちろんいけませんが、毎日出ているからといって安心はできません。問題はその質です。嗚呼! そんなに早く流してしまってはダメです! これは自分の体からの毎日の健康診断書だと思って、嫌がらずにぜひ観察してみてください。

アンチエイジングのための美しい黄金4条件

1、するっと出てバナナ状

2、色が黄色寄り

3、あまり臭くなくて、水に浮く
4、拭いても紙につかない

こういう便を毎日しているのなら、あなたの今の食生活はまず間違っていないと断言できます。え？ そんな黄金出てないですか？ そんな方は、ぜひこの章を読んで、今日からの食生活の参考にしてみてくださいね！

アンチエイジングの鬼流

食の掟 10カ条

●朝食をフルーツにし、寝る3時間前までに食事を済ませる。
●動物性たんぱく質を摂り過ぎない。
●できるだけ無農薬の野菜を食べ、添加物の多い加工品を避ける。
●1日350g以上野菜と果物を食べ、酵素のためには食べる野菜の半分を生に！
●食物繊維で腸のお掃除をする。
●料理に砂糖を使わない、白砂糖の入ったお菓子を食べない。
●良い油を摂り、悪い油を摂らない。
●主食は五分または七分づき米と雑穀のご飯にする。
●抗酸化物質を摂り、お酢をうまく使う。
●よく噛んで食べ、ドカ食いしない。時々はプチ断食！

今日からすぐ取り入れられる
アンチエイジング食道場

鬼のテクニック①

酵素を摂るため、1日に食べる野菜の半分を生に！

「消化酵素」とは私達が食べたものを消化する時に絶対に必要な物質です。例えばご飯のでんぷん質はたくさんのブドウ糖が繋がった真珠のネックレスのようになっていますが、酵素はこの真珠を1つ1つバラバラに切るハサミだと考えてください。きちんとバラバラにならなければ、小腸から吸収しないので栄養になりませんし、消化不良となって腸内環境を腐敗させてしまいます。

もう1つ、**「代謝酵素」といって体内の新陳代謝や解毒、抗酸化のために働く酵素**もあります。代謝酵素は体で生じた活性酸素を無害なものに処理してくれるので、アンチエイジングの重要な鍵を握っています。

この2種類の酵素はたんぱく質とミネラルで、人間の体内で作られますが、加熱していない生の食べ物や発酵食品にもたくさんの酵素が含まれています。一生のうちに体内で作られる酵素量は決まっていますし、食べ物の消化にばかり体内酵素が総動員されると、アンチエイジングのための代謝酵素がうまく働きません。

できるだけ体内の酵素を温存し、美しい腸になるためにも、加熱していない生の食べ物をたっぷり食べましょう!!

生の食べ物は体を冷やすのではないかと心配する方もいますが、加熱調理をする生き物は人間だけで、野生の動物はみんな生の食べ物を食べていますが洋服すら着ていません。冷え症の牛やゴリラもいないようですので、まったく気にしなくても大丈夫です。ただし、冷たい食べ物が胃腸に入ると誰でも冷えますので、冷蔵庫から出した野菜は常温に戻してから食べるといいでしょう。また、加熱調理された野菜も細胞膜が壊れて吸収が良いという利点があるので、**野菜や果物を1日350g以上食べ、その半分を生**にしてください。加熱調理や加工品ばかりの食生活では、体内酵素の使いすぎで老化が早まってしまいます。そのほか紫外線、農薬、食品添加物、薬、喫煙、ストレス、お酒の飲みすぎでも、酵素が大量に使われてしまうので気をつけて!

生の食べ物を食事の最初にある程度食べておくと、あとから食べる食べ物の消化も助けてくれます。例えば居酒屋に入ったら、まずはサラダを2皿、即注文!

毎日の食事にプラスしてほしい酵素食

●生野菜サラダ

毎食必ず加えてほしいのが生野菜のサラダ。生で食べられるお好みの野菜でOK。酢がたっぷり入った手作りドレッシングをかければ、更に酵素が活性化します。ブロッコリースプラウトやかいわれ大根など、スプラウトは一番酵素の多い状態なので特にオススメ。しかも自宅で簡単に栽培できます。サラダにハムを入れるならプロシュートなどの生ハムを。生ハムも酵素が含まれています。ただし必ず裏を見て豚肉、食塩以外の原料がない無添加のものを選びましょう。

野口のタネ 発芽器メネミル

簡単にスプラウトが栽培できるキットです。繰り返し使えていいですよ！　販売元の野口のタネさんは在来種の種を扱う珍しい種屋さん。現代の一代限りの種と違い生命力のある本物の野菜ができるので、種もオススメです。種は別売り。714円（野口種苗研究所）

スプラウト栽培容器　キッチン菜園（小）

スプラウトを水耕栽培するキットです。こちらも繰り返し使えます。 250円（中原採種場）

●野菜おろし

野菜はおろすと酵素がすごく増えますので、野菜おろしは最高の酵素食！　おろした野菜でドレッシングを作って食べるのもオススメです。ただし、おろしてから時間が経過すると酵素は活性化しなくなるので、保存せずに食べきれる量を作りましょう。おろすのが面倒な時はみじん切りでもOK。やはり酵素が増えます。

玉ねぎおろしドレッシング

材料◆玉ねぎすりおろし大1/ 4個分、オリーブオイル大さじ2、レモン果汁大さじ1/ 2、酢大さじ1、塩小さじ1/ 4、アガベシロップ小さじ1/ 2（なければ蜂蜜でもOK）、こしょう少々

作り方◆材料を混ぜ合わせるだけ。

●発酵食品

納豆やぬか漬け、甘酒、生味噌などの日本古来の発酵食品も酵素の宝庫。
ぜひ毎日の食事に取り入れてください！

納豆とめかぶと山芋を刻んだネバネバ海苔包みの作り方

材料◆納豆1パック、山芋4cm、めかぶ適宜、焼き海苔数枚　Ⓐ（醤油小さじ1、みりん小さじ1/2、酢小さじ1/2、あればフラックスオイル小さじ1）

作り方◆

❶_山芋は小さく刻み、納豆とめかぶを混ぜ合わせる。

❷_Ⓐを混ぜてタレを作り、❶に混ぜる。海苔を巻いていただく。

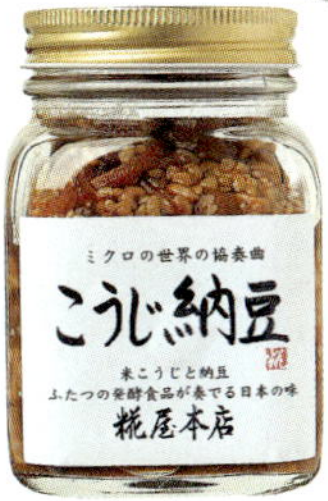

こうじ納豆

納豆菌は麹菌より強いので、これまでこの２つを同時に扱うと、うまくいかないとされてきました。そのタブーにあえて挑戦して成功した絶妙なうまさ！　究極の発酵食品です。 1,000 円（糀屋本店）

ひしおの糀《はな》

日本古来のなめ味噌の素です。容器に入れて醤油を加えてフタをして、常温でねかせるだけ。最初の4日は1日1〜2回混ぜますが、あとは放置してOK。1週間で食べられます（上の写真）。発酵を止めたくなったら冷蔵庫へ。豆腐にのせたりスティック野菜につけたり、非常に美味で酵素の宝庫！ 735 円（名刀味噌本舗）

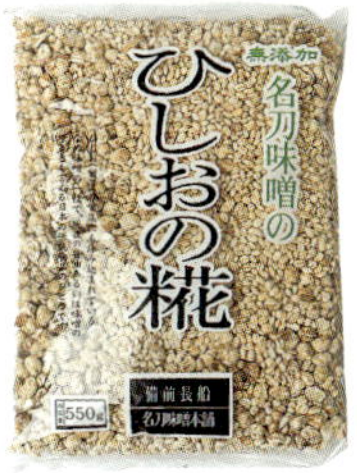

●カルパッチョやお刺身

お刺身も加熱していないので酵素がいっぱい。普通に醤油で食べても OK ですが、カルパッチョなどで生野菜と一緒に食べると更に良いでしょう。

●手作りジュース

フルーツや野菜の細胞膜が壊れ、酵素が活性化しますので絞りたてのジュースも酵素がいっぱい！　時間が経過すると酵素の活性が弱まりますので、ぜひ作りたてを飲みたいもの。

その際ジューサーで搾っても繊維を必ず戻すようにするとより良いでしょう。ちなみに市販のジュースは製造する時に加熱殺菌されているので酵素は含まれません。

オレンジ＆キャベツジュースの作り方

材料◆キャベツ1枚、オレンジ1個、レモン汁小さじ1、水1/２カップ

作り方◆**オレンジは皮を剥いて、すべての材料を小さめに切り、材料を全部入れてミキサーにかけるだけ。**

鬼のテクニック②

食物繊維で腸のお掃除！

食物繊維はそれ自体は消化できず栄養になりませんから、すべて体外に出てしまうものです。だったら食べる必要ないじゃないかって思うでしょ？　ところが違うのです。食物繊維はウンチの主原料ですから、食物繊維がないとそもそもウンチを形作ることができないのです。

食物繊維は腸内に溜まった老廃物をからめとってウンチとして出して、デトックスしてくれるための、腸内お掃除スポンジなのです！

今日食べた食物繊維の量は、そのまま明日の便の量に比例します。食物繊維を摂らないと、ウンチの量が少なすぎて便として排出できずに老廃物を腸に抱え込んだまま便秘となり、悪玉菌が繁殖する腐敗型の腸となって老化を促進してしまいます。食物繊維は大腸を内側から刺激してくれますし、腸内善玉菌のエサにもなりますので、アンチエイジングのためには毎日30gは摂りたいと考えています。便が硬い人は不溶性食物繊維だけでなく、水溶性食物繊維やお水も多めに摂るとやわらかくなります。そのほか油が不足しても良い便が出にくい場合があるので、気をつけてくださいね。

不溶性食物繊維の多い野菜	ごぼう、おから、干ししいたけ、舞茸、切干大根、切干人参、さつまいも、かぼちゃ、大豆
水溶性食物繊維の多い野菜	干しひじき、乾燥わかめ、昆布その他海藻全般、寒天、アボカド、林檎、キウイ、モロヘイヤ

食物繊維が多い! 腸美人レシピ

さつまいもとかぼちゃと林檎のサラダ

材料（1人分）◆さつまいも60g、かぼちゃ60g、林檎1/4個　Ⓐ豆乳マヨネーズ（なければ普通のマヨネーズ）大さじ1/2、粒マスタード大さじ1、フラックスオイル（またはオリーブオイル）大さじ1/2、塩、こしょう適宜

作り方◆

❶_さつまいもと林檎の皮をむき、3cm角に切る。かぼちゃは皮付きのまま3cm角に切る。

❷_さつまいもとかぼちゃを蒸し器で3、4分蒸す。蒸し器がなければ竹串が通る程度に茹でても可。

❸_Ⓐの材料を混ぜ合わせて❷と林檎を和えたら出来上がり。

おからと舞茸のチヂミ

材料（2人分）◆ニラ1束、おから大さじ3、小麦粉大さじ2、卵1個、舞茸1/3パック、キムチ50g、水大さじ2、なたね油、ごま油、醤油適宜

作り方◆

❶_ニラは5cm長さに切り、舞茸は小さめにちぎり、ボウルに入れる。おから、キムチ、小麦粉、水、卵を加えて混ぜ合わせる。

❷_フライパンを中火にかけてなたね油を多めに熱し、❶を入れて丸くのばす。ヘラなどで上から押さえて焼く。

❸_片側が焼けたら裏返して反対側も焼き、途中でフライパンの縁からごま油をまわしかけ、こんがり焼けたら出来上がり。醤油をかけていただく。お好みでかつお節や青海苔をかけても◎。

切干大根、切干人参

食物繊維の宝庫の切干大根と切干人参！　こちらは無農薬無肥料の野菜で作った天日干しの切干でおいしくて安全で超オススメです！　各 300 円（廻屋農園）

鬼のテクニック③

油を避けていてはきれいなお肌になれない！

油は私達を美しくしてくれる女性ホルモンの原料であり、細胞を包んでいる細胞膜の原料です。細胞膜は栄養素を取り込んだり、老廃物を排出したり、ウイルスや細菌の進入を防いだり、細胞同士の情報を伝達したりと重要な役割を果たしています。また糖質に次ぐエネルギー源にもなり、スムーズな便の排泄にも関わっています。油の摂り過ぎはいけませんが、減らし過ぎてもいけません。問題は質です。**悪い油を排除して、良い油を摂ることはアンチエイジングのためにかなり重要なことです。**

摂らないほうがいい老ける油

●マーガリン、ショートニング（お菓子やパンに入っている）、化学溶剤抽出法の植物油、揚げ菓子やお惣菜の揚げ物などの酸化した油

あまり摂り過ぎないほうがいい油

●紅花油、コーン油、大豆油、ごま油、肉の脂身、ラード、バター、乳脂肪など

摂ったほうがいい油

●魚の油に多いEPA、DHA

血流をアップさせ、動脈硬化予防、コレステロールや中性脂肪を下げる効果があります。EPAは乾燥肌を改善し、DHAは脳神経も活性化します。動物性たんぱく質は肉より魚！

●なたね油

国産なたねサラダ畑

加熱に強く酸化しづらい。珍しい国産で無農薬で低温圧搾法のなたね油。加熱料理に欠かせません。1,500円（鹿北製油）

●エキストラバージンオリーブオイル

オルチョサンニータ

熱をいっさい加えず搾油。その後通常だとフィルターにかけすぐ製品になるところ、フィルターをかけず3ヵ月かけて自然分離させているのでオリーブ果実100％の風味、旨味、栄養分がそのまま生きています。2,782円（アサクラ）

※オリーブオイルは実は加熱にさほど強くありませんので、できたら生で摂るのがベスト。しかも品質によって酸化しているものもあるので気をつけましょう。

絶対に摂ったほうがいい油

現代人に最も足りていない必須脂肪酸で、美しい肌のためにも脳のためにも欠かせないオメガ3脂肪酸の多い油。アトピーやアレルギーの方、うつやパニック症の方にもオススメ。どれか1種類、1日大さじ1杯を目安に加熱せずに生で摂ること。ドレッシングや納豆にかけて。酸化しやすいので冷蔵庫保存して早めにお使いください。

グリーンナッツ ヴァージンオイル・インカインチ

星の形をしたアマゾンのグリーンナッツを搾ったオイル。オメガ3が50%以上。少し青緑の香りがします。1,680円（特定非営利活動法人アルコイリス）

チアシードオイル

滋養強壮に優れた「チア」という南米でとれる種子のオイル。オメガ3が60%以上。味に癖がほとんどないので、取り入れやすいオイルです。2,310円（ゆらぎ）

フラックスオイル

オメガ3が60%以上含まれる、亜麻のオイル。オメガ社のこの容器の遮光度はすごくて、かなり100%に近いようです。独特の香ばしい香りがします。1,890円（アトワ）

●絶対に摂ったほうがいい油をカプセルに詰めたサプリメント。手軽にオメガ3を補給できる

鹿北のえごま油カプセル

国産在来種えごま(黒しその実)を薪を焚いて釜煎りにし、明治5年の石臼でしぼり、手すき和紙でろ過しただけの油を植物性カプセルに詰めたものです。約60%がオメガ3。1,500円（鹿北製油）

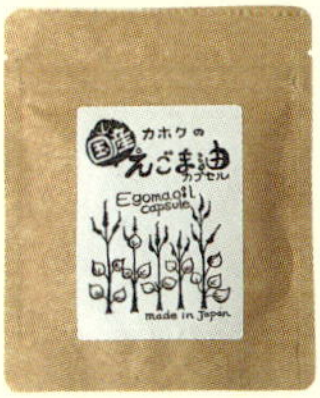

北海道産亜麻仁油サプリメント

なんと国産のフラックスオイルをゼラチンカプセルに詰めたものです。もっと収穫量が増えれば、油でも摂取したい！ ほんとは国産が一番ですから。4,830円（亜麻の里）

●絶対に摂ったほうがいいオメガ3脂肪酸を含む種

洗い国産えごま

軽く炒ってすっておひたしにかけると美味。350円(鹿北製油)

チアシード

水に入れると7倍に膨らみ、トロトロになるのでダイエットにも。2,100円（ゆらぎ）

●米ぬか油

ガンマオリザマックス

珍しい圧搾法の米ぬか油。更年期障害の薬にも使われるガンマーオリザノールがたっぷり！ ガンマーオリザノールのためにはぜひ加熱せずに摂って！
1,260円
（リブレライフ）

●エキストラバージンアボカドオイル

オリバード

アボカドオイルは抗酸化力のあるビタミンEがオリーブオイルの2.5倍も豊富。しかも発煙点が255℃と高く、加熱処理にすごく強いので、洋風加熱料理にはオリーブオイルでなく、ぜひアボカドオイルを使ってみてください。
1,890円（ヤカベ）

●ボリジ(ルリジサ) オイル、月見草オイル

これらのオイルにはγ-リノレン酸という脂肪酸が含まれているのですが、PMS（月経前症候群)、生理痛、更年期障害、アトピー性皮膚炎やリウマチなどに有効だと言われています。

ルリジサ油

1日小さじ1/4～1杯を加熱せずに摂ります。2,499円（アトワ）

鬼のテクニック④
雑穀はサプリメントである!

今、自然食ブームのため玄米を食べている方も増えていますが、玄米は精米したお米に比べて皮が硬く、消化が難しい傾向にあります。消化が悪いので、いくら白米より栄養価が高くても、栄養価の吸収率は白米より低くなります。ただ最近は圧力釜でやわらかく焚くこともできますし、ゆっくり100回くらいよく噛み、あと胃腸がとても丈夫で消化能力の高い人であれば大丈夫だと思います。玄米に含まれるフィチン酸には体内の鉄やカルシウムと結びついて体外に排出してしまうという問題点がありますが、これは発芽玄米にしてしまえば解決します。フィチン酸は体内の有害金属を出してくれる働きもあるので、時々食べるとデトックスにはなると思います。

ただ玄米を精米せずに食べるという食べ方は、実は日本古来の食べ方とは言えません。昔はお米の収穫量はあまり多くなくて、日本人の主食はアワ、ヒエなどの雑穀や、さといも、どんぐり、くるみなどだったようです。また玄米を脱穀、精米するための臼や杵は、稲作の伝来と共に弥生時代からすでにあったようで、奈良時代や平安時代には「唐臼」と呼ばれる穀類を精穀したり、玄米を精米するための足で踏むタイプの臼もありました。こういう道具の資料を見ていると、昔の日本人もできる限り精米して食べやすくしようとしていたのは間違いありません。なぜ21世紀の今、精米の技術がこんなに進歩したのに、奈良時代にすらやってなかったような食べ方を無理にする必要があるのかと疑問に思ってしまいます。

玄米は白米に比べると栄養価は高いですが、実は穀類全体では、73ページの表のようにそこまで飛びぬけて栄養価が高いわけではありません。こういう栄養素を比べると、玄米はそこまで苦労して食べなくてもいいように思うのです。ひえ、あわ、きびなど、古くから食べられてきた日本の雑穀はすばらしいです。そしてアマランサスは南米産の穀類であり、本来日本のものではありませんが、繊維も玄米の倍以上多く、ものすごく栄養価の高い穀物の王様なので、私は積極的に摂り入れています。白米はたんぱく質や糖質は玄米とさほど変わりませんが、その他のミネラルビタミンがやはり減ってしまいますので、分づきにしてもう少し栄養分を残し、雑穀をプラスすることでGI値の高すぎない理想的な主食になると思います。

私の家では玄米でお米を購入し、毎日精米機でお米を精米します。私は5分づきか7分づきに精米して、そこに2割程度雑穀を混ぜて食べています。

精米器を持つことがオススメな理由

❶ 精米したての新鮮なものを食べられる。

※お米は精米すると酸化が進みます。

❷ お米のミネラル、ビタミンを白米より多く残した胚芽米にできる。

❸ 新鮮な米ぬかが取れるので酵素たっぷりの漬物を漬けられる。

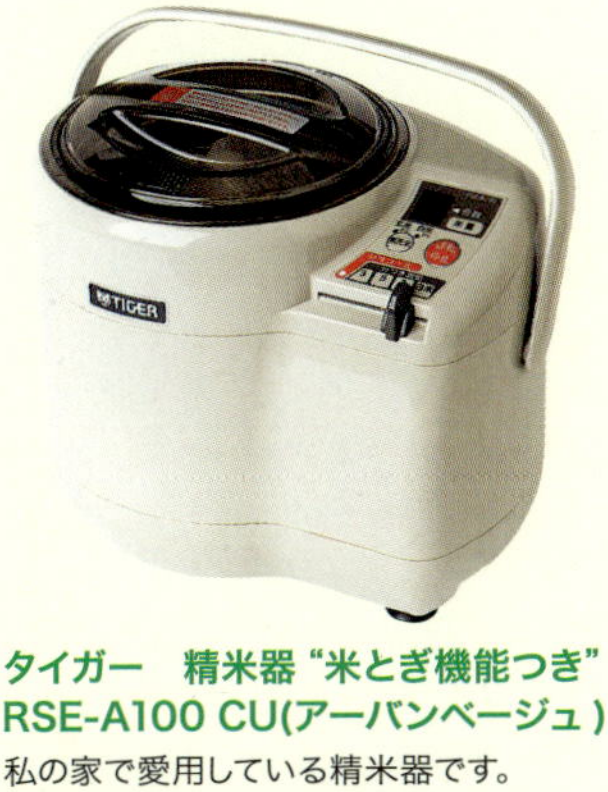

タイガー　精米器“米とぎ機能つき”
RSE-A100 CU(アーバンベージュ)
私の家で愛用している精米器です。
33,600円(タイガー魔法瓶)

●きび

亜鉛や銅は玄米より多いです。白米と比べて食物繊維は約3倍、カルシウム約2倍、鉄分約3倍と豊富。あわ同様に善玉コレステロールを増やす働きがあります。

●アマランサス

たんぱく質、脂質、繊維、リジン、カルシウム、鉄分、ビタミンEが豊富な雑穀の王様です。アミノ酸の中のリジンの含有量は大豆にも匹敵！　カルシウムは白米の約32倍、鉄分は約12倍、ビタミンEも約22倍、カルシウム、鉄分、食物繊維も多いです。

オーガニックアマランサス
粒が細かいので、これだけ別に洗って。
350g 578円（桜井食品）

●そば米

実そばを炒って食べやすくしたもので、そば米と呼ばれます。血管をしなやかで丈夫にするルチンを多く含み、タンパク質、ビタミンB群も豊富です。血液サラサラ効果あり！　偏頭痛にもいいです。これをあまり多く入れるとツブがやや硬く感じるので少なめに。

●あわ

たんぱく質、脂肪に富み、カルシウムは玄米に比べると約1.5倍、ビタミンEは約2倍です。亜鉛も銅も葉酸も玄米もより多いです。あわの脂質には、善玉コレステロールを増やす働きがあります。たんぱく質組成も人体になじみやすく、特に鉄分は白米に比べると6倍も多いため貧血予防に最適。

●ひえ

縄文時代から栽培されている日本古来の雑穀です。カリウムや亜鉛やパンテトン酸、食物繊維は玄米より多く、白米に比べて食物繊維は約8倍、マグネシウムは約4倍、鉄分は約2倍、カリウムは約3倍含まれています。リノール酸、オレイン酸などの不飽和脂肪酸も多く含みます。

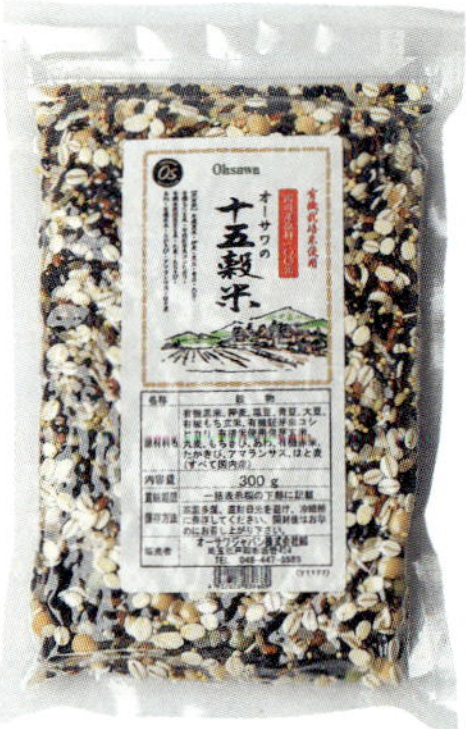

十五穀米
農薬・化学肥料不使用の、黒米、押し麦、黒豆、発芽玄米、丸麦、もちきび・もちあわ、アマランサス、はと麦など15種類をブレンド。 300g 1,365円（リマの通販）

●はと麦

タンパク質、脂肪、カルシウム、鉄分、ビタミン B_1・B_2、リノール酸などが多く、滋養強壮、利尿作用、美肌効果、いぼ取り効果、美白効果があります。肌のでこぼこをきれいにする新陳代謝の働きも。美肌のお共にぜひオススメ！

●押し麦

玄米と比べるとカルシウムは約2倍、白米と比べると約３倍、食物繊維は玄米の約3倍で、白米と比べると約 19 倍にもなります。便秘に効果大！

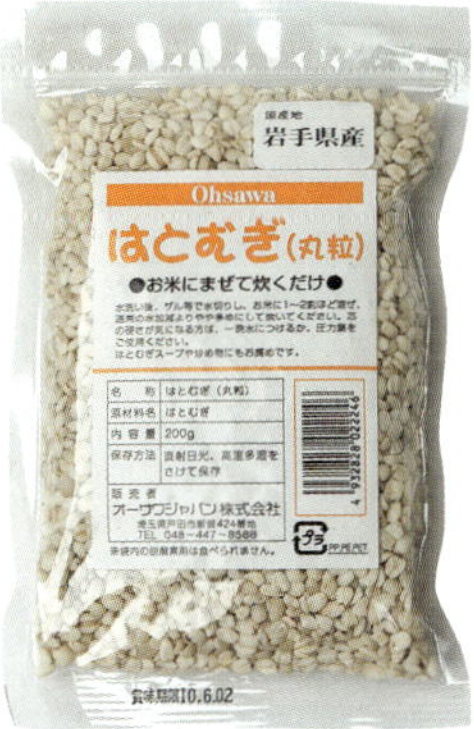

はとむぎ

くだいてあるので、そのまま白米に混ぜればOK。200g 680円（リマの通販）

穀物の主な栄養素

文部科学省「五訂増補日本食品標準成分表」より（100g中）

	白米	玄米	ひえ	あわ	きび	押し麦	はと麦	アマランサス
たんぱく質（g）	6.1	6.8	9.7	10.5	10.6	6.2	13.3	12.7
脂質（g）	0.9	2.7	3.7	2.7	1.7	1.3	1.3	6
炭水化物（g）	77.1	73.8	72.4	73.1	73.1	77.8	72.2	64.9
カリウム（mg）	88	230	240	280	170	170	85	600
カルシウム（mg）	5	9	7	14	9	17	6	160
マグネシウム（mg）	23	110	95	110	84	25	12	270
鉄（mg）	0.8	2.1	1.6	4.8	2.1	1	0.4	9.4
亜鉛（mg）	1.4	1.8	2.7	2.7	2.7	1.2	0.4	5.8
銅（mg）	0.22	0.27	0.3	0.45	0.38	0.4	0.11	0.92
ビタミンE（mg）	0.2	1.3	0.3	2.8	0.8	0.1	0.1	4.5
ビタミンB_1（mg）	0.08	0.41	0.05	0.2	0.15	0.06	0.02	0.04
ビタミンB_2（mg）	0.02	0.04	0.03	0.07	0.05	0.04	0.05	0.14
ビタミンB_6（mg）	0.12	0.45	0.17	0.18	0.2	0.14	0.07	0.58
葉酸（mcg）	12	27	14	29	13	9	16	130
パンテトン酸（mg）	0.66	1.36	1.5	1.84	0.94	0.46	0.16	1.69
食物繊維（mg）	0.5	3	4.3	3.4	1.7	9.6	0.6	7.4

鬼のテクニック⑤

お酢を制するものは、加齢に勝つ！

私はかなりのお酢マニア。実はお酢を上手に使うと、いろんなアンチエイジング効果があるのです。ぜひぜひいろんな種類を常備して、食生活にもっとお酢を取り入れてみてください。

●カルシウムの吸収率を良くしてくれるので、ちりめんじゃこや桜海老をお酢に漬けて、3日で食べ切っています。

ちりめんじゃこ、桜海老酢

●吸収率の悪い非ヘム鉄の吸収が良くなるので、ほうれん草などにしょうゆやみりんと一緒にお酢を入れて食べています。

●血糖値の急激な上昇を抑えてくれるので、食事の中に酢の物やお酢を使ったドレッシングを必ず取り入れています。血糖値が急上昇すると、ブラウニング反応でコラーゲンが傷つき、シワやたるみができるので、お酢を使うとかなりのアンチエイジング効果あり！

●肩こりの時、運動した日、筋肉に溜まった疲労物質の乳酸を分解してくれるので、必ず摂るようにしています。

●酵素を活性化してくれるので、生のものと一緒に摂ります。

●デトックスを促すので、毒素排泄したい時に摂ります。酢玉ねぎや、酢ヤーコンなどを冷蔵庫に作り置きしています。酢とジュースを混ぜるビネガードリンクも◎。お酢のせいだけではないと思うのですが、代謝が落ちてくるはずの年齢になっても全然太らないので、お酢はダイエットにもかなり有効だと思います。

ビネガードリンク

フルーツジュース180ccにお好みの酢を大さじ1杯入れるだけ。疲れた時に良い。

酢玉ねぎ

作り方は、ただ素材を切って酢に漬け込むだけ。冷蔵庫保存します。お好みで唐辛子やブラックペッパーなどを入れてもOK。

まるしげ玄米黒酢

黒酢はアミノ酸がダントツ多いので、普段使いにガンガン使ってます。2,940円（まるしげ上田）

にごり林檎酢

無農薬無肥料で育てられた青森県の奇跡の林檎のお酢。まろやかでおいしいので、ビネガードリンクに使いやすい！

840円（飯尾醸造）

紅芋酢

ポリフェノールが桁違いに多く、活性酸素をとる力がお酢の中でダントツ！　疲れた時や、肌荒れが気になる時、ストレスがある時などに使うと◎！　577円（飯尾醸造）

飲む酢
柘榴（ヒアルロン酸入り）

女性に嬉しいざくろ果汁と米黒酢にヒアルロン酸、蜂蜜が入っているドリンク用のビネガー。ペリエなど発泡水で3倍に薄めて飲むのが好きです。

1,680円（セゾンファクトリー）

鬼のテクニック⑥

抗酸化物質なんてカンタン！

活性酸素によってＤＮＡが傷つけられ、それが長期にわたって繰り返されているうちに、傷ついたＤＮＡの修復がいつかできなくなっていくことは、老化の大きな原因だと言われています。そのため抗酸化物質と呼ばれる活性酸素を処理してくれるような食べ物を摂るようにすると、かなりのアンチエイジング効果があります。数ある抗酸化物質の中で、ここでは特に私が好きなものをピックアップしますね。

アントシアニン

むらさき色のものは抗酸化がすごい！
視力向上や、肝機能改善にも良いんです。

豆乳ブルーベリー

作り方◆豆乳に生のブルーベリーを入れ、お好みでアガベシロップか蜂蜜を加えていただく。

ブルーベリー フローズン（1kg）

北海道産無農薬の冷凍ブルーベリーです。豆乳ブルーベリーにして、かき混ぜながら少し溶かして食べると最高！
3,090円（農業生産法人 自然農園）

スーパーフルーツ アサイーベリー アサイー100

ヤシ科のアサイーベリーの果皮果肉だけを100％詰めたカプセル。アントシアニンは赤ワインの30倍、鉄分は牛レバーの4.2倍、カルシウムは牛乳の2倍、食物繊維はごぼうの6倍、アミノ酸のバランスは卵とほぼ同じというスーパー抗酸化フルーツのサプリです。4,800円（アビオス）

レスベラトロール

レスベラトロールは強力な抗酸化物質。摂取すると長寿遺伝子が活性化し、長生きして、しかもスリムでいられるということで、今世界中から注目が集まっています。レスベラトロールが含まれるのは、ブドウの皮。つまり赤ワインや干しぶどう。落花生の渋皮や林檎の皮、ザクロにも含まれるそうです。

ノヴァの有機レーズン

アメリカ産、有機JAS認定のドライフルーツ。305円（ノヴァ）

カロチノイド

緑黄色野菜や果物に含まれる赤や黄色、オレンジなどの色素。とにかく紫外線にあたった時に肌で生じる活性酸素に強い！

パプリカのピクルス

作り方◆酢とアガベシロップを6対1の割合で合わせて粒こしょう少々を入れ、赤や黄色のピーマンまたはパプリカを漬け込むだけ。赤ピーマンやパプリカにはカプサンチンという強力な抗酸化物質がある上にビタミンCまで多し！

トマトに多いリコピン

リコピンはビタミンEの100倍の抗酸化力！　紫外線の害を消してくれるので夏は特に摂りたい。リコピンは加熱に強く油に溶けやすいため、加熱調理にも◎。ジュースやピューレなど加工されたトマトでも十分威力あり！ただし酵素のためには生のトマトを食べるのがベスト。

ヒカリ オーガニック トマトジュース無塩

オーガニックの原料のみを使用し、食品添加物は入っていません。
126円（光食品）

鮭ソテーのバルサミコソース

アンチエイジングフィッシュの代表格で、ビタミンEの1,000倍の抗酸化力を持つアスタキサンチンが多い鮭。お肌をリフトアップさせるDMAEも多し！

材料（2人分）◆鮭2切れ、玉ねぎ半個、人参半個、赤・黄・緑ピーマン各1/2個、小麦粉適宜、なたね油大さじ1、バルサミコ酢大さじ5、醤油大さじ1、オリーブオイル大さじ1、塩、こしょう適宜

作り方◆

❶_鮭に塩・こしょうして、小麦粉をまぶす。野菜は食べやすい大きさに切る。
❷_フライパンになたね油を熱し、野菜をソテーして塩・こしょうし、いったん取り出す。
❸_なたね油を少し足し、鮭を入れて中火で両面をカリッと焼き、2の野菜を戻す。
❹_小鍋にバルサミコ酢を入れ、半量になるくらいに煮詰め、醤油とオリーブオイルを加えて混ぜ、3にかけて出来上がり。

カカオポリフェノール

ココアやチョコレートの原料であるカカオに含まれる抗酸化物質で、悪玉コレステロールの発生を防いでくれたり、ピロリ菌の増殖も抑えます。

オーガニック・ネクターズ プレミアム・デザート・シロップ・ロー・カカオ

砂糖を摂っては意味がないので、私はチョコレートではなく、こちらの砂糖を使っていないチョコクリームをオススメします。フルーツにかけたり、パンにつけると◎！　1,980円（アンブロシア）

イオウ化合物

血行改善や疲労回復に良い硫化アリルや、抗がん作用の高いイソチオシアネートの抗酸化力に注目しています。

ブロッコリー&カリフラワーのピリ辛サラダ

ずばぬけて抗がん作用が高いので、時々は食べたい。

材料（2人分）◆ブロッコリー 1/2株、カリフラワー 1/4株、Ⓐ（なたね油大さじ1/2、ごま油大さじ1/2、醤油大さじ1/2、みりん大さじ1/2、酢小さじ1、豆板醤小さじ1/4、にんにくのすりおろし小さじ1/4、すりごま少々）

作り方◆**ブロッコリーとカリフラワーを食べやすい大きさに切り、蒸し器で蒸すか、さっと茹でて水を切り、あら熱を取る。混ぜ合わせたⒶをからめて出来上がり。**

ビタミンA、C、E

3つとも抗酸化力が高いビタミンで、3つ一緒に摂ると更に相乗効果のあるビタミンです。

モロヘイヤの野菜梅あえ

ベータカロチンが不足すると乾燥肌にもなります。お肌がカサカサな時には、特に食べたいメニュー。

材料（2人分）◆モロヘイヤ1株、きゅうり1/2本、オクラ2本、大葉3枚、みょうが1つ、梅干し1個、醤油、酢、みりん適宜

作り方◆**モロヘイヤは葉の部分をさっと茹でて絞り、みじん切りに。その他の野菜は生のまま小さくカットする。醤油、酢、みりんとみじん切りにした梅肉を混ぜ、野菜と和えたら出来上がり。お好みでごまをふっても◎。**

アボカドとグレープフルーツのサラダ

ビタミンEには細胞の老化を防ぐ強い抗酸化作用があります。血流も良くするので、くすみや肩こり、腰痛にも効果あり。

材料（2人分）◆アボカド1個、グレープフルーツ1/ 2個、塩、こしょう適宜

作り方◆
アボカドを1口大に切り、グレープフルーツの果肉を混ぜ、お好みで塩・こしょうする。

キウイ豆乳ジュース

ビタミンCは、お肌のコラーゲン生成時にも欠かせません。

材料（1人分）◆
豆乳 200cc、
キウイフルーツ2個

作り方◆**キウイの皮を剥いてカットし、豆乳と一緒にミキサーにかけるだけ。**

欲張り抗酸化サプリカタログ

抗酸化物質やビタミンはできる限り食品で摂ったほうがいいというのが私のスタイルです。でも中には「これはぜひ普段の食事にプラスして摂ったほうがいいいな」と思うスーパーサプリメントに出合うこともありますのでご紹介します。以下は私がサプリメントを選ぶ時の基準です。

★自然な形で食べ物を口にしないと、酵素がうまく働かず体内でなかなか有効利用されないので、できるだけ天然の食品を丸ごと摂れるような形のもの。

★食品丸ごとでない場合でも、天然の食品から抽出されたもので、良質で力価が高いもの。

★添加物がゼロか、または極力入っていないもの。

★原料に使われている植物ができるだけ無農薬のもの。

★抗酸化力が高いものや、還元力のあるもの、非加熱で酵素が生きているものなど。

★販売元が、ポリシーに共感できて、かつ信頼できる会社であること。

サプリメントを摂る時は、くれぐれも自分にとって本当に必要なのかどうかしっかり吟味しましょう！

瀧の酵母

奈良県の酒蔵の天然酵母とパン酵母との複合酵母なので胃で破壊されず、生きたまま腸まで届くというすごいものです。生きた酵母が腸で更に増えて善玉菌として働いてくれます。酒蔵の蔵付き酵母で発酵させている植物酵素も配合。私は腸の調子がイマイチな時に、寝る前に1包飲んでいます。これを飲む時は空腹時がいいですよ。

4,935円（AMRITARA）

欲張り抗酸化サプリカタログ

GREEN MOUNTAIN（還元力青汁）

珍しいことに加熱しないで製造されているので、栄養素を破壊せず、酵素が生きているオーガニックの大麦若葉の青汁に野生植物ミネラルが入って更にパワーアップしたもの。活性酸素を除去してくれるSOD様酵素の含有量はすさまじいです。毎日ミネラルウォーター90cc+豆乳90ccに溶かし、ちょっとだけアガベシロップを入れて飲んでいます。 3,150円（山本芳翠園）

フィトエナジーミネラル

松、竹、クマザサ、ヨモギなどの野生の植物と海でとれる昆布、ワカメ、アラメなどの海藻類を高熱で焼いてできた100%野生植物ミネラルの高濃縮水溶液です。2、3滴飲み物に入れるだけで、すさまじく酸化還元電位がマイナスになります。あらゆるものを酸化から守り、酸化から甦らせる威力までであります。コップ1杯のミネラルウォーターに2、3滴垂らして1日に2杯くらい飲んでいます。毒消しのため、外食時の食べ物にも数滴かけます。5,450円（AMRITARA）

マリンコラーゲンパウダー

コラーゲンを摂っても消化されてアミノ酸になるだけだから意味ないのでは？　という声もありますが、抗加齢医学会ではコラーゲンを摂ると、コラーゲンを作る繊維芽細胞が通常の1.5倍活性化し、皮膚のヒアルロン酸量も4倍に増えたという実験結果なども発表されています。このコラーゲンは天然鮭の皮から石油系溶剤を使わず抽出されているので、とにかく安心です。コップ1杯の豆乳にザクロジュースを大さじ1杯入れて、そこにこのコラーゲンを大さじ1杯入れて飲んでいます。 2,100円（井原水産）

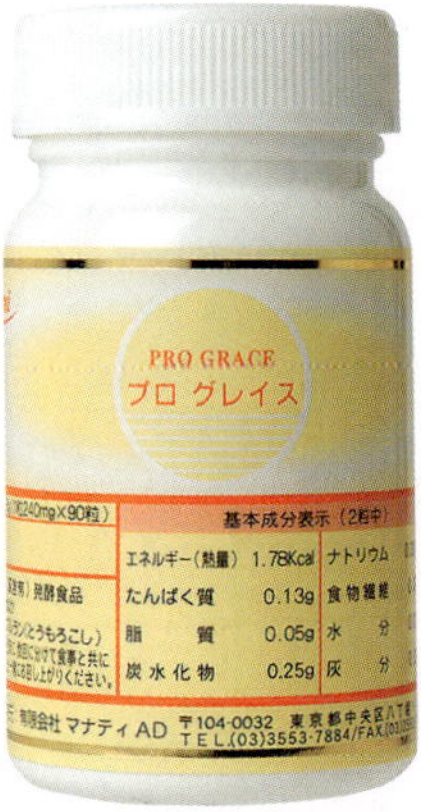

プログレイス

私の師匠である医師の鶴見隆史先生が、酵素の本場アメリカで作らせた力価の高い生きている酵素です。米ぬかを麹菌で発酵させて抽出された酵素カプセル。体内で作る酵素量は加齢と共に減っていく一方で、酵素が尽きると寿命も尽きると言われています。酵素を摂ると体内酵素を温存できます。この酵素は特に炭水化物を摂りすぎた時、食後にすぐ4カプセル飲んでいます。 7,875円（マナティ）

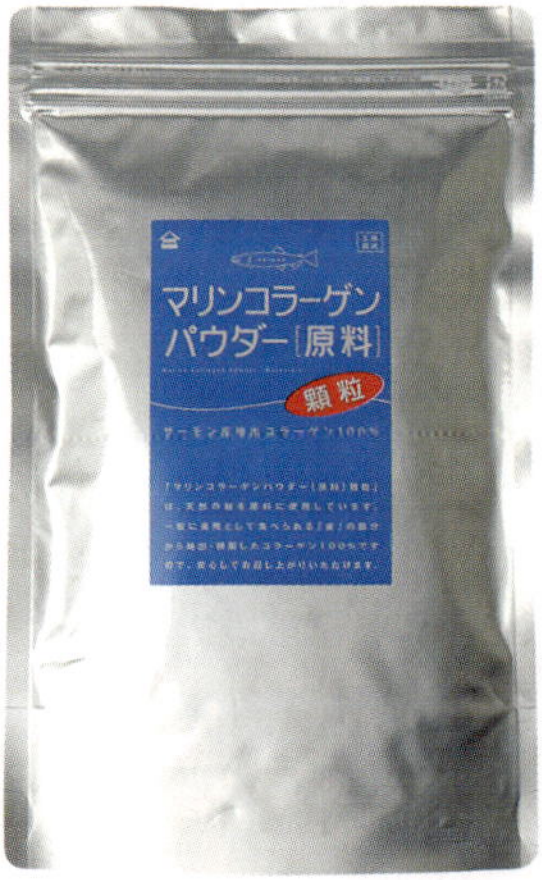

フロー・エッセンス+リキッド

4000年以上も前から北米の先住民オジブア族に受け継がれてきたハーブ療法をもとにカナダのフローラ社が製造するハーブエキスです。ごぼうの根、クレソン、ヒメスイバ、アカツメクサなど無農薬の7種類のハーブをブレンドすることによって、相乗効果が生まれ、利尿、発汗を促して体内の毒素、老廃物を体外へと排出します。心身を浄化するデトックスの決定版で、断食の時に飲むのもいいです。50～60ccを、同量の温めたミネラルウォーターなどで薄めて1日1～3回、空腹時に飲んでいます。 6,300円（健康デザイン）

マカ（粒）

無農薬で栽培したアンデスの根菜マカの粉末をなたね硬化油で粒にしたもの。不妊に悩むうちの患者さんの数人が、このマカを飲み始めて間もなく妊娠しました。不妊に悩む方はもちろんですが、お肌をプリプリにしてくれる成長ホルモンの原料のアルギニンも多いので、運動前に飲むのもオススメです。1日12粒が目安。有機ＪＡＳ認定。 5,040円（ヤマノ）

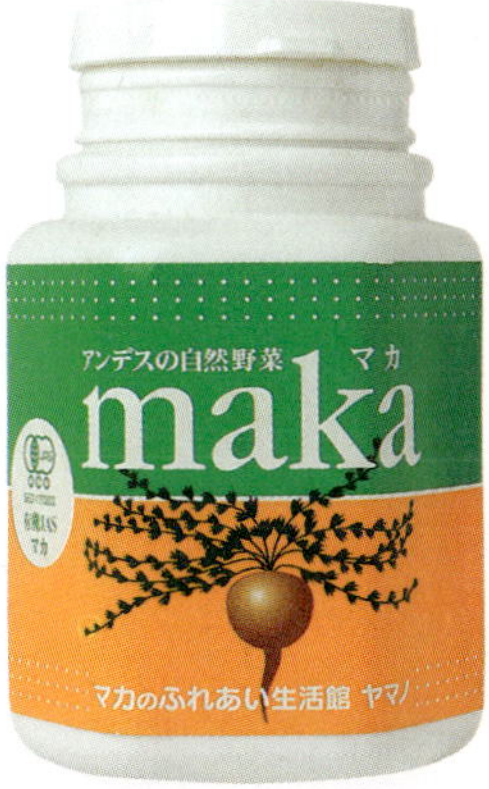

ベジ・シリカ

シリカは体内でコラーゲンを合成する時に必要なミネラルで、コラーゲンをきゅっと束ねる働きがあるので皮膚のたるみを防ぎ、髪やツメを美しくします。また骨の正常な形成や骨疾患予防への働きが科学的に明らかになっています。植物のスギナにはほかの植物とは比較にならないほど多くシリカが含まれます。このベジ・シリカはスギナを化学溶剤を使わず、水で抽出した、フローラ社独自の安全製法。腸内で吸収されやすくなっています。植物性カプセル。6,300円（健康デザイン）

スーパーカムカム

ビタミンCが不足すると4倍も老化が早く進むという実験データがあります。しかしCだけを抽出したサプリを摂っても血中維持率は低いので、できれば食品から摂るのがベスト。これは植物の中で最もビタミンCの多いペルーのフルーツカムカムを丸ごとパウダー化してカプセルに詰めたものなので、体の中で有効利用されやすいのではないかと思います。ビタミンCは3粒で70mg摂取できます。朝昼晩と3回に分けて食間に1粒ずつ飲むのが効果的だと思います。活性酸素を除去する効果が高いぶどう種子ポリフェノールも配合。これはシミにも有効です。市販のカムカムサプリの中で唯一添加物がないのが嬉しい！ 2,625円（ヤマノ）

鬼のテクニック⑦

老けない大丈夫甘味料&お菓子!

私がもっとも重要視しているのは、なんといっても急激に血糖値を上げないということです。血糖値が急上昇すると「ブラウニング反応」が体内で起こり、体中で炎症が起きて老化を早めると言われています。**炎症が肌で起きると深いシワやシミ、たるみの原因にもなります。**

また、現在40歳以上の5人に1人が糖尿病とも言われていますが、糖質を過剰に摂ると当然高血糖にもなりやすくなります。糖尿病になると老年病の進行も早くなり、合併症を引き起こすと怖い病気なのでこちらも注意が必要です。

血糖値の上昇度合いを示す目安となるのがグリセミック指数（GI値）と言われるもので、血糖値の上昇度合いをブドウ糖を100として算出します。数字が大きいほど血糖値の上昇が激しいということで、70以上を高GI値、60以上70以下を中GI値、60以下を低GI値と呼びます。精製されているものは、消化吸収が早いため、のきなみGI値は高い傾向があり、白砂糖のGI値は109です。ブラウニング反応だけでなく砂糖系の甘いお菓子を食べ過ぎると太りやすく、吹き出物もできやすいので美容には本当に大敵です。

とはいえ、やっぱりたまにはスイーツやお菓子も心の栄養として食べたいですよね！　だから今回は老けない大丈夫甘味料や、大丈夫お菓子も紹介しちゃいます！

血糖値を急上昇させない2つの大きなコツ

★食物繊維の多いものを先に食べておく。食物繊維は糖質の消化吸収を遅らせて、血糖値の上昇を抑えます。

★酢の効いたものを先に食べておくか、GI値の高いものに酢を加える。お酢は糖質の消化吸収を遅らせて、GI値を下げてくれますので、おかずには必ず酢の物を！

GI値の高い避けたほうがいい食べ物と、その代わりとなるもの

代わりとなるもの		避けたほうがいい食べ物
みりん、アガベシロップ	←	料理に使う白砂糖
フルーツ、アガベシロップやフルーツの甘味のみを使ったお菓子、少量の蜂蜜や米飴やオリゴ糖を使ったお菓子など	←	白砂糖を使ったケーキ、キャンディー、菓子パン、ドーナツ、和菓子、お菓子
緑茶、番茶、穀物ティー、麦茶、そば茶、ハーブティー、水、フルーツ100%のジュース、ストレートティー	←	ブドウ糖果糖液糖が入っている清涼飲料水、スポーツ飲料、チューハイ、甘い缶紅茶、甘い缶コーヒー、ガムシロップを入れた紅茶、コーヒー
全粒粉のパンやライ麦のパン、全粒粉で砂糖不使用クッキー、そば、スパゲッティー、玄米せんべい、胚芽米に雑穀を混ぜたご飯、酢飯	←	精製された小麦粉のみを使ったパン、クッキー、ピザ、うどん、ビーフン、白いご飯、おもち、ラーメン、せんべい

アンチエイジングの鬼的超オススメ甘味料

アガベシロップとは？

アガベシロップとは、メキシコの広大な砂漠で育ったリュウゼツラン科リュウゼツラン属のアガベの蜜を集めた、１００％ナチュラルな植物性甘味料です。アガベはアロエのような植物で、数世紀にもわたって先住民に使われてきました。

このシロップの特徴的なところは、まずショ糖の含有率の低さ。ショ糖はブドウ糖と果糖がくっついた二糖類で、腐敗菌や悪玉菌のエサになりやすく、しかもこれを分解するのに大量の酵素が使われると言われています。白砂糖のショ糖含有率が97・８％なのに対し、アガベシロップは約80％が果糖で、ショ糖は３％程度しか含まれず、残りはブドウ糖とイヌリン（食物繊維）だということです。

そしてなんといってもすごいのは、血糖値を上昇させる目安の数値であるGI値が、わずか25であること（白砂糖は１０９、メープルシロップは73です）。ＧＩ値25というのは、フルーツの林檎なみということになります。その上、メープルシロップのように味に癖がなく、後味のさわやかなピュアな甘味なので、とても使いやすいのです。しかも**砂糖よりカロリーが25％も低いのに、甘さは砂糖の１・３倍！**

飲み物や手作りお菓子などに入れる甘味料としても大活躍しますが、通常砂糖類を使用されるお料理のほとんどに利用することができます。すごいのは、洋食だけでなく煮物や酢飯に使っても実に合い、深みのある味になることです。

特にこのロー・プレミアム・アガベ・シロップは、アガベシロップの中でも加熱せずに製造されているので、酵素が生きているローフードです。生きたアガベの先端を薄く切り取り、中心の空洞部分に石で蓋をします。そうするとアガベは2、3日で、その空洞部分に蜜をためるので、そこを収穫するのです。これは木に切れ目を入れてメープルシロップを集めるのによく似ています。そして通常のアガベシロップと違って、樹液を加熱してシロップにするのではなく、酵素をちょっと使ってローアガベシロップにします。

生のアガベ蜜は、カルシウム、鉄分、リン、マグネシウム、カリウムを豊富に含んでいます。また、ビタミンB、E、C、D、亜鉛、セレン、クロムの優れた供給源でもあります。

まさにアンチエイジング甘味料の決定版です!!

このサボテンのような植物がアガベです。以前からブルーアガベなどを愛用していましたが、ローアガベシロップに出合ってからは、甘味料といえばこれ、というくらいハマっています。

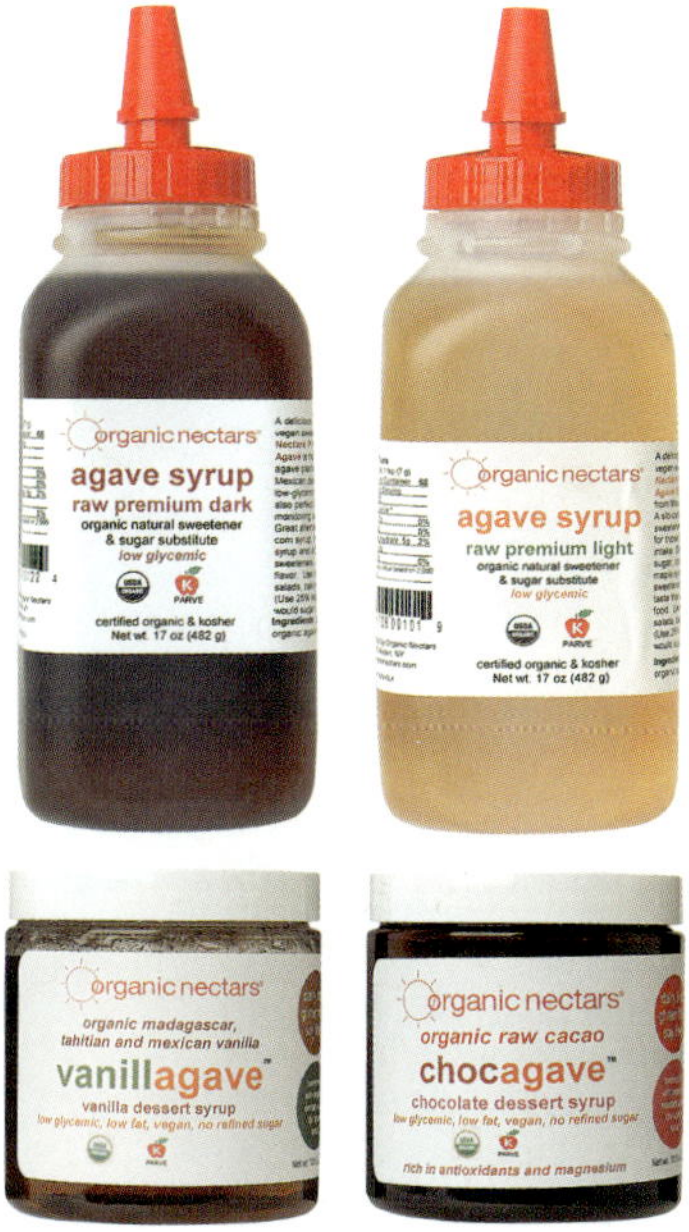

オーガニック・ネクターズ
100%ロー・プレミアム・アガベ・シロップ ライト（右上）
100%ロー・プレミアム・アガベ・シロップ ダーク（左上）
プレミアム・デザート・シロップ・ロー・カカオ（右下）
プレミアム・デザート・シロップ・バニラ（左下）

ライトはオールマイティに、ダークはコクを出す料理に合います。下の2つはチョコ味やバニラ味のアガベ。そのまま飲み物に入れたり、お菓子作りに使ったり、自由自在。100%ロー・プレミアム・アガベ・シロップ 各2,280円、カカオとバニラ 各1,980円（すべてアンブロシア）

市販の大丈夫お菓子カタログ

ここに載っているのはお砂糖だけでなくメープルシロップや米飴、てんさい糖、黒糖も使っていない非常にレアな究極の安心お菓子ばかりです。しかももちろん無添加!

おやゆびトム

手びねりクッキーです。砂糖不使用で、レーズンの自然な甘さがあり、噛むほどに小麦とかすかなシナモンの風味が広がります。すごく腹持ちがするので、オフィスでの残業時にもいいかも。 546円（木のひげ）

オーガニック・ネクターズ コジ／カカオ・ニブ・ミックス

生のカカオとクコの実は、ビタミン・ミネラル・抗酸化物質を多く含み、かつ、おいしい名コンビ。生カカオのビターな味わいに、チベット産のオーガニック・ドライコジベリーの優しい甘さが絶妙にマッチし、甘味はなにも加えていないのに、2つを一緒に食べるとまるでチョコ菓子を食べているような不思議なおいしさ！ 1,250円（アンブロシア）

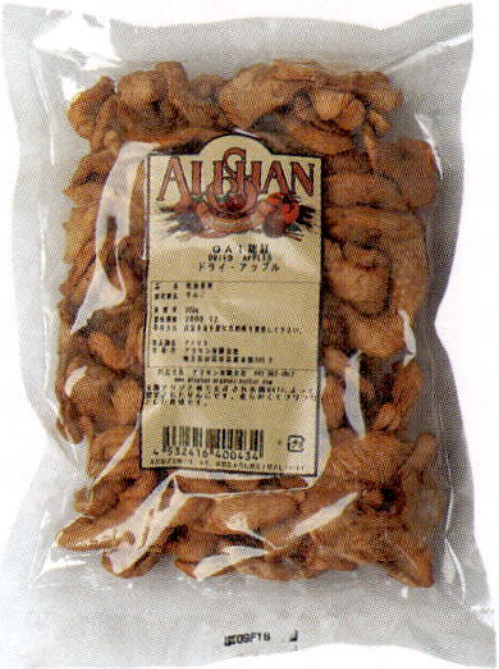

ドライフルーツ アップル

新鮮なアメリカ産のオーガニックの林檎を使用した添加物のないドライアップルです。ドライですが食感は柔らかくてフワフワしています。QAI認証品で化学合成された農薬・化学肥料が基本的に不使用なので安心。 820円（テングナチュラルフーズ）

ジャストフルーツバー

アップルピューレをベースにドライブルーベリー、ドライラズベリーなどを特殊製法で固めたフルーツバー。グミっぽい食感ですごくおいしい！ これで砂糖も添加物も使用していないんですから驚きです。洋梨ピューレベースのクランベリー味、ストロベリー味もあり。 各252円（ナレンジ）

ララバー

ドライフルーツやナッツを刻んで混ぜただけのシンプルなフルーツバーです。火を使っていないローフードで、素材そのままの栄養がまるごといただけます。お砂糖はとりたくないけど、チョット甘いものが食べたい時やおやつにおすすめ。上からカシュークッキー、シナモンロール、レモン 各315円（テングナチュラルフーズ）

黒豆ゼリー

龍泉洞の涌水を使い、岩手県産の黒豆と蜂蜜と寒天だけでできた嬉しいゼリーです。添加物や砂糖はいっさい入っていません。157円（竹屋製菓）

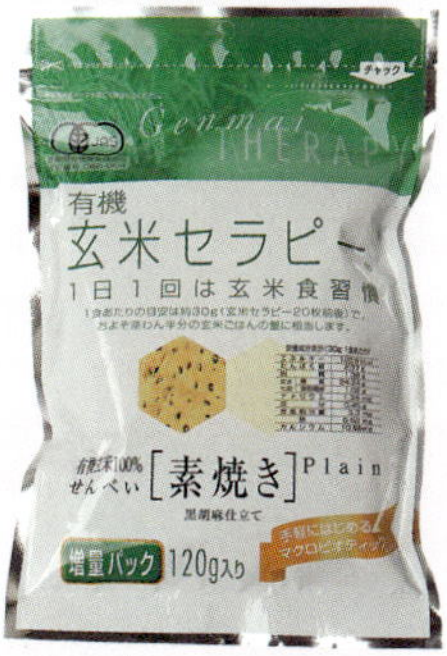

有機玄米セラピー [素焼き]

有機玄米100%使用の玄米せんべい。玄米・ごま・塩のみで仕上げた素焼きのせんべいです。せんべいを食べたい時には玄米せんべいのほうがGI値が低くていいと思います。 420円（アリモト）

グレインプラス インナービューティークッキー

私がプロデュースしている砂糖不使用のお菓子ブランドです。植物原料は100%オーガニック。甘味はアガベシロップのみでつけ、GI値が低くなるように全粒粉の小麦やおからを使用しています。コラーゲンや食物繊維なども入り、ちょっぴり美容にもプラスに！　各480円（AMRITARA）

有機りんごと人参使用のゼリー

有機果汁を使用し、砂糖不使用のゼリーです。林檎と人参の甘味がおいしい。喉ごしが良く、さっぱりと食べられます。ゼラチンをはじめとする動物性原料、添加物不使用。すべてオーガニック原料の寒天ゼリーです。 128円（リマの通販）

乾燥果実 センシブルフーズ チェリーベリー

果実のみで作られた砂糖不使用、無添加、ノンフライ製法の乾燥果実スナックです。ベリー系なので酸味を感じますが、きつくはありません。スナックなので、食感はサクサク、ビタミンCや食物繊維もたっぷり！　367円（日本緑茶センター）

ゴールデン・グリーンレーズン

イランで無農薬栽培し、天日乾燥させたおいしいグリーンレーズン。鉄分はプルーンの約3倍、カルシウムは約2倍です。ポリフェノールも多く、オイルコーティング加工をせず、もちろん砂糖や防腐剤や保存料も入っていません。 オープン価格（バイオシード）

はちみつ固めちゃいました。

カナダ産の蜂蜜100%のキャンディー。蜂蜜以外は本当に何も入っていないので、喉の痛い時など携帯できて助かります。242円（クインビーガーデン）

簡単手作り大丈夫スイーツ

**究極の大丈夫スイーツは、材料を吟味して自分で作るに限ります。
とはいえ、お菓子を手作りなんて時間はない！ という人も多いはず。
そこで、忙しくて面倒くさがりな方にも無理なく作れる超簡単レシピを紹介します！**

甘酒チョコアイス

材料（2人分）◆甘酒160g（マルクラの玄米甘酒だと約2/3の量です）、ココアパウダー（無糖のもの）小さじ2、豆乳（無調整）30cc

作り方◆

❶_容器に甘酒とココアを入れて、小さな泡だて器（なければスプーン）で混ぜ合わせる。

❷_❶に豆乳を入れて、更に混ぜる。

❸_これを冷凍庫で凍らせるだけ！

玄米あま酒

無農薬の玄米を米麹で発酵させた甘酒。これは高温加熱殺菌されていないので酵素たっぷりです。白米の甘酒よりGI値が低いのが嬉しい。美白効果もあるので夏にもチョコアイスでどうぞ！ 420円（マルクラ食品）

OG ブラックココア

無糖のオーガニックココアパウダー。有機ＪＡＳ認定品です。カカオポリフェノールの抗酸化力もあり、カカオマスと違って脂肪分も少ないので重宝します。飲んでも、お菓子の材料でもOK。609円（ムソー）

マンゴー豆腐ババロア

材料（2人分）◆木綿豆腐150g、粉寒天1g、アガベシロップ30cc、レモン汁大さじ1/2、水80cc、
完熟マンゴー果汁づけまたはマンゴーピューレ、または砂糖不使用のジャム等適宜

作り方◆

❶_木綿豆腐をキッチンペーパーなどで包み、30分ほど水切りする。
❷_水を火にかけ、粉寒天を入れて溶かす。
❸_❶と❷とレモン汁とアガベシロップをミキサーにかける。
❹_容器に❸を入れて冷蔵庫で固める。
❺_マンゴーピューレなどをかけて出来上がり。

急いでいる時は……

「風に吹かれて豆腐屋ジョニー」などのやわらかいお豆腐を皿に取り、マンゴーをのせ、アガベシロップを少々かけるだけでも美味。

有機・完熟マンゴーの果汁づけ

とにかく最高においしい加工オーガニックマンゴーです。砂糖や保存料など添加物を一切使わず、自然そのままの酸味と甘さが絶品。一口大にカットされたマンゴーが、マンゴージュースに漬け込んであります。有機ＪＡＳ認定。840 円（ミチコーポレーション）

鬼のテクニック⑧

更に上を目指す方のための プレミアムアンチエイジング

若さを保つプチ断食法

プチ断食のススメ

なんとなく体調が優れない、便の質が悪い、吹き出物を繰り返してしまう、体質を改善したいという時にすごく効果的なのが、プチ断食です。私は時々、調子がイマイチな時などにやりますが、体質改善のためには最初は2週に1度を目安に続けることをオススメします。

定期的なプチ断食は、内臓を休めて酵素を温存することで代謝力が高まり、体内毒素を排出させやすくして、免疫力を高め、アンチエイジング効果もあります。長崎にある「長崎ペンギン水族館」ではペンギンの寿命が普通のペンギンの約1・5倍長いそうですが、その秘訣は週に1度エサを与えない断食DAYにあるとのこと。定期的な断食には長寿と若さを保つ効果が期待できるようです。

血液は腸で作られ、断食すると細胞から血球に戻る?

私がプチ断食をオススメする背景には、岐阜大学の教授だった亡き千島喜久男博士の「千島学説」に注目しているということもあります。千島学説とは、赤血球は食べ物が変化して腸で作られるとした「腸管造血説」のこと。赤血球は骨髄で作られるとされている現在の医学では、この学説は認められていません。しかし従来の「骨髄造血説」は飢餓状態にした動物を用いた実験による学説で、正常な栄養状態の動物ではまだ証明されていないし、通常老年になると脂肪骨髄になっていきますが、老人に貧血が必ず存在しているというわけでもありません。骨髄造血は、「栄養不足の時に限り、組織や細胞から血球へ逆戻りする」という千島博士の理論で説明することもできます。**断食をすると、食べ物の量が減るのに宿便が出たり、毒素が排出されて体がリセットされる理由は、実はここにもある**と考えられています。

カロリー制限は最新のアンチエイジング法

断食していない時でも食べ過ぎは禁物です。最新の抗加齢医学界での大きな話題は、**適切な栄養バランスを保ったままで、約60％の量にカロリー制限された動物は、みんな寿命が約1・5〜2倍も延びているという事実。**長寿なだけでなく見た目もシワが少なく、身のこなしも軽やかで、病気もしない傾向にあることも確認されています。一方、人間の場合は腹八分目がベストだと思います。特に朝は睡眠明けで、まだ胃腸の働きが弱まっている時。そんな時にいきなり消化の難しいものを食べることは体内酵素のムダ使いなので、消化の良いフルーツを食べるのがオススメです。また、寝る直前に食事をすると胃腸に負担をかけて、酵素をたくさん無駄使いして老化を早めます。寝る3時間前には食事は済ませておきましょう。そして動物性たんぱく質は過剰に食べると完全に消化することが難しく、消化不良の原因ともなります。動物性たんぱく質は肉より魚を中心にし、あまり多量に食べ過ぎないようにしましょう。ただ痩せすぎもまたホルモンバランスに影響が出ますので、30歳を過ぎたら体脂肪は20％を切らないように注意してくださいね。

さぁ、始めよう! アンチエイジングプチ断食

**体質改善のために行う場合、最初は2週に1度から始めてみましょう。
胃腸の調子がイマイチな時にもオススメです。**

プチ断食　1日コース　野菜スティック編

丸1日、果物と少しの生野菜で過ごすベーシックコース。
よく噛んで空腹感を紛らわしましょう。

朝 キウイ1個またはグレープフルーツ1個など。旬の果物でも良い。

昼 大根スティック３本、きゅうりスティック３本（岩塩または味噌をつける）。

夕方 林檎を1/４個食べる。または良質のオーガニックハニーをティースプーン1杯なめる。

夜 大根スティック３本、きゅうりスティック３本、人参スティック３本（岩塩または味噌をつける）。

次の日の朝もフルーツで、昼もあまりドカ食いせずに、通常より少し量が控えめの和食で。

プチ断食　夜からコース　野菜おろし編

これは、朝から夜までやる断食より、結構楽にできます。
朝と昼は通常通り食べて、その日の夜からプチ断食をします。

夜 大根２ｃｍ、きゅうり半本、人参２ｃｍをおろして醤油を少し入れて食べる。

朝 次の日の朝
キウイ1個またはグレープフルーツ1個など。旬の果物でも良い。

昼 大根２ｃｍ、きゅうり半本をおろして醤油を少し入れて食べる。

夜 通常より少し軽めに食べます。動物性たんぱく質などは食べず、例えば雑穀胚芽米ご飯軽く1杯と納豆（または豆腐）と味噌汁と漬物と海藻の酢の物と大根おろしなど。お酒は飲みません。

どちらのコースも水分は1日最低1.5ℓは摂ってください。ミネラルウォーター、ブラックジンガーなどの穀物ティー、ハイビスカスやローズヒップなどのハーブティーやフロー・エッセンス+リキッド（P81掲載）がオススメ。ミネラルウォーターにチアシード（P69掲載）を大さじ1杯入れて10分経過してから飲むと、チアが膨らんでゲル状になるので空腹が紛れます。どうしても辛くなってきたら、1回に限り蜂蜜をティースプーン1杯なめてもOKです。

できるだけ毒を摂らない！

添加物の多い加工品を減らそう

活性酸素のほとんどは体内の解毒工場である肝臓で発生するため、肝臓に負担をかけるような食べ物はできる限り避けたいところです。

活性酸素を増やすものとしては、まず食品添加物の過剰摂取があげられます。現代は「安い！　簡単！　便利！」で見た目も美しいものが求められているため、添加物をたくさん使用するのは必要悪だという側面があります。添加物を避けて過剰な活性酸素を発生させないようにするには、安くて簡単で便利な加工品をできるだけ買わないようにするしかありません。

コンビニのお弁当には150種類もの添加物が入っていると言われています。原材料を見てもそんなにたくさん載っていないのは、たくさん添加物が入っていても「香料」、「アミノ酸等」などと1つの表記の中に省略してしまうことができるからなのです。

確かに加工品は便利で手軽なものです。ただ、便利さの裏側で体が犠牲になっていることを忘れてはいけません。更に私は、子供の心も犠牲になっているような気がするのです。手をかけ、愛情をかけて作られた食事を食べて、子供は親の愛を感じ、食べ物への感謝の心が芽生えます。そうすれば、お金さえあればなんでも簡単に買えるという、感謝の心が喪失した価値観にはならないと思います。

まともな味覚の復活！

「ママのチャーハンはイマイチだ」と子供が歌うCMがありましたが、あれを見ると私は恐怖を感じました。お母さんが愛情込めて作ったチャーハンの味より、グルタミン酸ナトリウムやたんぱく加水分解物などの化学的に作られた旨味調味料の濃い味がおいしいというわけです。

実は私にも経験があるのですが、15年前、自然食に目覚めて初めて「松田のマヨネーズ」という化学調味料や添加物の入っていないマヨネーズを食べた時のことです。「何、これ、まずい！　こんなのマヨネーズじゃない！」と思いました。マヨネーズはどんなものでも油が多いということもあり、それ以来避けていたのですが、数年前久しぶりに松田のマヨネーズを食べてみたところ、以前と全然感じ方が違って「何、これ、おいしい！」と思ったのです。どうやら今や私の味覚はかなりまともなものに戻っているようです。

たまにチェーン店の居酒屋などの料理を食べると、舌にはっきりと化学調味料の味が尖って入ってきます。白砂糖の味もはっきりと識別できます。漬物を頼んでも何を頼んでも化学調味料の味しかしない店などもあり、味がどれも濃くて同じように感じます。舌を復活させるためには、まずはだしの素と化学調味料と白砂糖をやめることです。そして、これらの入った加工品もやめること。それだけで、素材の旨味がわかるまともな舌が蘇り、体もピュアになっていくようです。

できるだけ自然栽培の野菜を食べよう

農作物の残留農薬は活性酸素の元凶。それに対し、無農薬なうえに無肥料で作った野菜は自然界の循環が整い、害虫に強く、地中深く根を伸ばすので栄養価がとても高いのです。過剰な肥料は有機肥料でさえ有害。自然栽培の野菜は野生のパワーを感じることができるすばらしい野菜です。

☆有機肥料さえ使わない　自然栽培野菜の宅配

ナチュラル・ハーモニー「ハーモニックトラスト」

千葉県八街市八街ほ661-1

HP●http://www.naturalharmony.co.jp/trust/

そら～自然とともに～（そらの野菜）

愛知県田原市若見町権亜地62

HP●http://www.muhiryou.com/

できるだけ毒を摂らない！

風邪薬を買う前に

薬もまたピュアな化学物質の摂取にあたるため、活性酸素を増やすと言われています。病気のためにどうしても必要な薬は仕方ありませんが、安易に飲むことはアンチエイジングの敵です。

例えば風邪に効く薬というのは、本当は存在しないんですよね。このことは実はお医者さんも言っている事実です。現在あるのは風邪の症状を止める風邪薬ばかり。風邪の不快症状は、すべて白血球たちがウイルスと戦ってくれている証し。痰や鼻水は白血球が風邪のウイルスと頑張って戦ったあとの死骸で、熱が出るのは38.5度以上の体温でウイルスが死滅するから。それなのに、その自然治癒力や毒素排泄を止めてしまうのが風邪薬！　しかも副作用まであります。

参考までに軽い風邪などの体調不良の時、私がやっている自然治癒力の高め方をご紹介しますね。

☆なんとなく寒気がするので風邪かな？ って時に

まずは普通のしょうがの4倍の薬効がある「金時しょうが粉末」を小さじ1杯、3年番茶に入れ、さらに梅干しを1個入れてよくかき混ぜて飲みます。金時しょうが粉末がない場合は普通のしょうがをすって加えてもOK。これだけで体が温まり、軽い症状ならすぐに治ってしまいます。

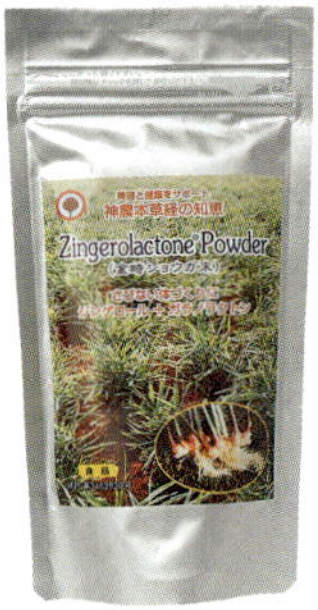

金時しょうが粉末
2,625円（ファルマフード研究所）

☆喉が痛い！ 風邪かな？ という時に

ブラジルのプロポリスの威力は最強！　こちらは蜂蜜が入っているので、苦くなくて直接喉にシューッと噴射できます。たいていの喉風邪はこれですぐに快方へ。

坂本養蜂場
プロップスプレー
4,000円（トーヨー）

☆それでもついに風邪をひいたという時

野生の動物は体調が悪くなると断食して寝ています。「栄養つけないと体に毒だよ」などと食欲のない人に無理に食べさせようとするのは人間だけです。熱がある時は水分を欠かさないようにし、食欲がない場合は無理に栄養を摂ろうとせず食事は控えめにし、とにかく安静にしましょう。

※症状には個人差がありますので、どうしてもこのやり方が合わないという方は無理をしないでください。

第4章

美しき司令塔、脳から若返る！

体の運動機能や、知覚機能をはじめ、ホルモン分泌の指令や、感情すらコントロールしている偉大なる**脳は、実はアンチエイジングにおいても最大の鍵を握っています！**

脳の約1割は神経細胞ですが、残りの9割はグリア細胞と呼ばれるもので、近年やっとさまざまな機能が解明されてきています。脳はまだまだ神秘に満ちた臓器なのです。

この章では、かつてパニック障害を患って完治した私の体験も踏まえつつ、脳を若返らせるためのアプローチを、食、運動、呼吸法、瞑想法にいたるまで徹底的に書かせていただきました。**知っているのと、知らないのとでは、もしかしたら人生そのものが変わってしまうかも!?** 究極のアンチエイジングは、やっぱり脳です！

美しきマスターコンピューター・脳

私はカイロプラクティックスクールでの解剖学の授業で、医大に行って実際に解剖中の脳を見させていただいたことがあります。それは、はっと息を呑むほど、ほんのりグレーがかった美しい白い臓器。脊髄を見た時もそうでしたが、人間の中枢に関わる臓器というのは、何か神々しい美しさがあり、感動を覚えたことを思い出します。

手のひらにのるほどの大きさで、わずか1・5kgの美しい脳の中には300億個もの神経細胞があり、私達の運動、知覚、感情などをコントロールする情報伝達のマスターコンピューターとなっています。この小さな脳で、なんと全身の血液の15％が使われ、ブドウ糖は25％も使われ、酸素は20％も使われます。

記憶や運動などの機能をコントロールし、アンチエイジングにも大きく関わるホルモン分泌の司令塔も脳です。**アンチエイジングのためには脳の若さを保つことは不可欠です。**

認知症は予防できる

2005年の厚生労働省の調査では日本の認知症患者数は205万人でした。このままいくと2015年には302万人、2035年には445万人になると言われています。

世界的に見ても2020年には4230万人になるという予想があります。加齢と共に認知症の発症率は上がり、60歳では100人に1人ですが、85歳以上になると4人に1人が認知症という有病率となります。日本人女性は平均寿命が86歳で世界でもトップの長寿ですが、健康寿命も同じだけ長いわけではありません。高齢化社会が進む日本では、できるだけ認知症を予防していくということがとても大切です。

アルツハイマー病は脳の海馬という記憶を司る部分にβアミロイドというたんぱく質のシミが蓄積することで海馬が萎縮することが原因だとされますが、できてしまったβアミロイドを除去するワクチンを治験で飲んでアミロイドが除去されても、現在のところ認知度を上げることに繋がっていないようです。また、101歳でなくなった修道女マリーの脳にはβアミロイドがたくさん付着していたにもかかわらず、認知テストはほぼ満点であったということが学会で報告されています。

認知症の危険因子として、「アポリポたんぱくE-ε4」という遺伝子が知られています。アフリカ・ナイジェリアのヨルバ族はこの遺伝子をもつ割合が高いのですが、認知症の発症率は65歳以上の人で1・35％と低く、ほぼ同一の祖先を持ち遺伝的な背景が同じであるはずのアフリカ系アメリカ人は、3・24％だというアメリカでの研究報告があります。これにより、**運動や食事などのライフスタイルの改善が認知症予防にもとても有効ではないかと言われています。**

若い脳を保つための食事とは?

「まだ私は若いから認知症なんて関係ない」と思われる方もいると思いますが、最近の研究では認知症を予防し若々しい脳でいるためには、若い頃からの食生活が重要な鍵を握っていることが分かってきています。例えばアメリカでの２００６年の調査でも、１週間に３回以上果物と野菜のジュースを飲む人は１週間に１回以下の人よりアルツハイマー病の発病が76％少なくなるという結果が出ています。また、中年期に肥満、高血圧などのメタボリックシンドロームがあると、老年期になった時に認知症になる確率が上がってしまいます。

また、食事だけでなく有酸素運動と知的活動を続けることも脳機能を若く保つポイントです。以下は、現在論文などで発表されている若々しい脳を保つために有効な食べ物です。

●ビタミンE

ビタミンEは記憶能力の低下をすばらしく防いでくれるようです。ビタミンEを摂取しておけば酸化ストレスをかけて活性酸素を発生させても、神経や細胞死を防ぎ、海馬の記憶能力が保てるという実験データがあります。ビタミンEは活性酸素を無害化するだけでなく、脳神経を保護する作用もあるのではないかとも言われています。オランダの疫学調査でもビタミンEの摂取量の多い人はアルツハイマー病になりにくいということが分かっています。

ビタミンEの多い食べ物

アーモンド、松の実、あんこうの肝、いわし、モロヘイヤ、うなぎ、かぼちゃ、アボカド

●イチョウ葉エキス

イチョウは2億5000年前から地球にあるたくましい植物です。そのイチョウの葉から作られたイチョウ葉エキスには脳の血行を改善し脳の血流が良くなるため、集中力が増加する作用があります。神経を保護する作用もあるようで、認知症を引き起こすダメージを抑制して予防、改善できるようです。

シェーネンベルガー社製
イチョウ葉濃縮エキス

新鮮なイチョウ葉を収穫後、すぐに300気圧の特殊圧搾装置で抽出した100%イチョウ葉エキス。添加物や保存料がいっさいないのが嬉しい。大さじ1杯くらいを水、お茶、ジュースなどに混ぜて飲みます。 5,460円
（インターナショナルベスト）

●緑茶

日本で行われたある調査では、緑茶を飲む回数が「１日２杯以上」の人は認知障害がある割合が飲まない人より53％低かったそうです。緑茶に含まれるカテキンが神経細胞を保護することがすでに動物実験でも分かっているので、緑茶を１日２杯以上飲むことは脳のために有効と言えます。ただし、私の考えでは緑茶を飲むなら空腹時を避けたほうが良いと思います。あとお茶類は飲むまで洗えないので、必ず無農薬のものを選びましょう。

●ローズマリーのカルノシン酸

ローズマリーの主成分であるカルノシン酸には、脳細胞死を抑制する遺伝子を活性化する作用があるそうです。それだけでなく脳神経成長因子の生成を高める効果もあるとか。ハーブティーや料理に使用して摂取するといいですね。精油にはカルノシン酸がほとんど含まれていませんが、脳の海馬という記憶を司る機能に働きかけ、集中力や記憶力を高めてくれる効果があります。

●セレニウム

フランスのモンペリエ大学のAkbaraly, N Tasnime氏らによる1991年から1993年の間の調査によると、加齢とともに血液中のセレニウム値は下がり、これにともない認知機能が低下することが分かりました。さらにセレニウム値が低い人では、値が低いほど認知機能が低下していることも判明。セレニウムは抗酸化作用のある必須ミネラルで、アンチエイジングミネラルとしても注目を集めています。桜海老やごまに多く含まれます。私はカルシウムのためにも乾燥桜海老を酢に漬けて冷蔵庫保存し、3日で食べ切っています。

●魚、ビタミンD、オメガ3脂肪酸

各国の疫学調査を見ていると、最もよく出てくるのが魚を多く食べている人にアルツハイマー病が少ないという結果です。例えば2007年に発表されたフランス国立保健医学研究所のP. Barberger Gateau博士の研究チームの調査では魚を週1回以上摂取する人は、摂取しない人に比べて、アルツハイマー病の発症リスクが35%、それ以外の認知症の発症リスクが40%低下したとのこと。これは魚に含まれるＤＨＡ、ＥＰＡなどのオメガ３系の油の効果ではないかと思います。イギリスで行われた調査では、血清中のビタミンＤが低い人ほど認知障害を多く認めたということです。ビタミンＤは魚に多く含まれるビタミンなのでやっぱり魚はいいんですね。

また、オメガ3脂肪酸を豊富に含む油(P69参照)を定期的に摂取している人は、摂取しない人に比べ、認知症の発症リスクが50%くらい低下するということもよくいろんな論文に出てきます。フラックスオイルなどの植物油に含まれるオメガ３はアルファリノレン酸ですが、体内でＤＨＡやＥＰＡにも変わるため、ぜひ加熱せず摂りたい油です。

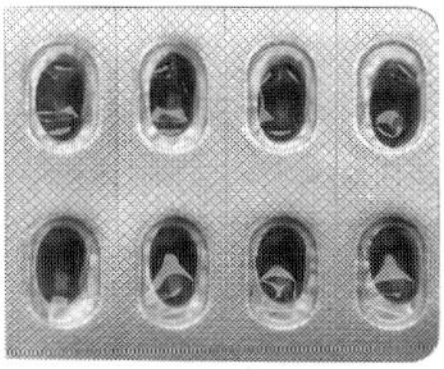

リカメン

北大西洋の深海2,000mのところに生息するタラ科の魚リングフィッシュ自身が持つ酵素でリングフィッシュの内臓、頭部を加水分解させた自己発酵物で、一切の薬品を使用していない100%自然成分です。アミノ酸、ペプチドやDHA、EPA、セレニウム、ビタミンEなどの相乗効果で、記憶能力をアップさせたり、抗不安薬と同様の作用が確認されています。 オープン価格（ニュートリション・アクト）

神経伝達物質を操ろう！

私達の脳の中にある神経細胞同士の間には、情報を伝達するための多くの神経伝達物質が存在します。神経伝達物質は50種類以上あると言われていますが、このバランスや量は、実は私達の心に大きな影響を与えているのです。

私は28歳の頃にパニック障害になりましたが、この時処方された抗不安薬を飲むと、たった15分で理由のない不安感は取り除かれました。たった1錠の白い薬が私の頭の中を一体どうやって変えたのか？　と不思議に思い、メカニズムを調べると神経伝達物質のＧＡＢＡというものの働きを高めることで、不安を感じさせるノルアドレナリンや神経を興奮させるドーパミンを抑制しているということが分かりました。この薬はとても眠くなるという副作用もありましたし、元来薬嫌いだった私は、薬以外の方法で自分の脳の配線を変えようと思いました。そして気功や食事法やハーブなどいろいろな代替医療を試してかなり楽になり、最終的にカイロプラクティックの上部頸椎の矯正によって完治することができました。しかし、それ以来私はこの神経伝達物質というものにとても興味を持つようになったのです。

現在うつ病をはじめ心の病を抱える方も増えていますし、自殺者の数もうなぎのぼりの状況です。そこまでいかないまでも、プチうつや落ち込みなどちょっとした不調を抱えることは誰にだってあるのではないでしょうか。そんな時、心の問題だと自分を責める前に、「心なんて神経伝達物質の作用で、どうにだってなる!」と一度自分の心と症状を切り離して考えてみるととても楽になります。また、病院の薬にすぐ頼る前に、自分でできることもあります。

神経伝達物質のバランスはアンチエイジングのためにもとても重要なので、私が特に気になっているものをご紹介します。

★GABA

GABAはアミノ酸の一種で、ノルアドレナリンやドーパミンなどの興奮が過剰に伝わらないようにする抑制系の神経伝達物質です。脳への酸素供給量を増加させることで認知症の予防にもなり、記憶力、学習能力増強作用もあります。抗不安作用もあり、不安やストレスを感じた時に働いてくれるとリラックスさせてくれます。GABAは米ぬかなど食品の中にも含まれますが、外から取り込んでも脳の関門を通らないためムダであるとされてきました。ところがGABAを摂取すると血圧やコレステロールが下がったり、不安感がなくなるなどの確かな変化があることを受けて、最近では腸管に作用して脳中枢に行く迷走神経系を刺激することで、リラックスなどの効果をもたらしているのではないかと言われています。

ブラウンギャバ

製法特許・米胚芽発酵法のギャバと特製・植物ミネラルが加わった還元力のある香ばしい黒炒り玄米素材です。 4,200円（リブレライフ）

★セロトニン

セロトニンは過剰な興奮や衝動を抑え、抑うつ感を軽減してくれる神経伝達物質。うつ病やストレスに長くさらされている人、暴力的な人や衝動的な人はセロトニンの濃度が大変低くなります。セロトニンの量が不足すると、食欲が増し、日中のセロトニンが夜間にメラトニンに変換されることから、セロトニンが減ると不眠にも繋がりますし、起床後もすっきり目が覚めません。このメラトニンはビタミンEの2倍の活性酸素を処理するパワーがあるので、そのもととなるセロトニンはアンチエイジングのためにも重要です。おまけに抗重力筋の刺激を強め、背筋をしゃっきりさせ、顔のたるみを防ぐ効果があるそうなんです。セロトニンの不足はうつ病やパニック障害、PMS、摂食障害も引き起こすと言われています。セロトニンやメラトニンの原料はアミノ酸のトリプトファン。ビタミンDも合成に関わります。

トリプトファンの多い食べ物

かつお、マグロ、赤身の肉、豆腐、大豆など

ビタミンDの多い食べ物

あんこうの肝、鮭、かれい、うなぎ、さんま、バナナなど

セロトニンを増やすには?

●太陽の光を浴びること

朝、カーテンをあけて朝の光を浴びることで、網膜への光刺激がおきてセロトニン分泌のGOサインとなります。朝6時から夕方18時までがセロトニン分泌タイムですので、顔は紫外線対策した上で、適度に太陽の光を浴びることは大切です。

●リズム運動

一定のリズムをともなったウォーキング、ジョギング、スクワット、自転車漕ぎなどのリズム運動したあとは約2時間セロトニンの血中濃度が増えているそうです。毎日やっているとセロトニンの感受性が高まり、より分泌しやすくなるそうで、15分後からセロトニンが分泌し始めるので、1日30分を毎日やるというのが効果的です。

●呼吸法、読経、歌を歌う

呼吸法というのがなぜいいかというと、具体的には「腹筋の収縮を伴うリズムのある呼吸」というものに、セロトニンを活性化する効果があるのです。だから読経も、歌を歌うのも、口先だけでは効果半減で、腹の底から声を出すということが大切です。

●不安、緊張、不眠に効くハーブティー

ハーブの中には不安や不眠を改善してくれる作用のあるものがあります。例えばバレリアンは天然の鎮静剤、入眠剤と言われており、パッションフラワーにも沈静、入眠作用があります。作用がやや強いのでハーブといえども長期飲用はオススメしませんが、医薬品よりははるかに副作用が少なくてオススメです。

有機バレリアンハーブティー(左)
気分を和らげてくれるハーブとして昔から飲まれています。袋入15g 525円(生活の木)

有機パッションフラワーハーブティー(右)
リラックスしたムードを作りたい時におすすめ。袋入20g 368円(生活の木)

Eclectic 15
こちらはバレリアンの粉末ハーブをカプセルに詰めたもの。手軽に携帯できます。945円(ノラ・コーポレーション)

★アセチルコリン

論理的思考や学習、記憶等の思考プロセスに関わる神経伝達物質です。自律神経の副交感神経を刺激して脈拍を遅くしたり、唾液を促したり、骨格筋や心筋の収縮も促進します。アセチルコリンは体内で合成されますが、老化と共に合成する能力が落ちていきます。アルツハイマー病患者さんの脳内のアセチルコリン量は減少しているようです。間脳にアセチルコリンが増えると、女性ホルモンを出せという指令が正しく行われますので、我々鬼にとっても気になる神経伝達物質です。

アセチルコリンを増やすには？

●大豆レシチンを摂ろう！

レシチンは分解されるとコリンになり、体内でアセチルコリンの原料となります。ビタミンCやパントテン酸と一緒に摂ると、さらにアセチルコリンの合成がアップします。

●スパニッシュセージ、ティートゥリー、シトラス、スイートオレンジ等の精油

アセチルコリンを分解する酵素を阻害することで、アセチルコリンを増やす作用があるのは精油のモノテルペン系成分。精油の香りを嗅ぐことで効果が発揮されます。オイルで希釈して首や肩などをマッサージしたり、アロマポットなどを使

シガリオ
ブラックジンガー「黒大豆珈琲」
黒大豆を焙煎した食物コーヒー。100g中667mgレシチンが含まれています。女性ホルモンを活性化するイソフラボンも69.5mg含まれていますし、パントテン酸も含有。カフェインもないので安心して飲めます。 4,200円（オリザ・ブレーン）

うといいと思います。

●1日に林檎を2個

マサチューセッツローウェル大学のトーマス・シーア教授らの動物実験で、マウスの飲料水の中に濃縮林檎ジュースを加えて飼育すると、栄養が不足したエサを食べても、脳内の神経伝達物質アセチルコリンのレベルを維持し、脳の酸化ダメージと認知力の低下を防ぎ、記憶力がアップすることが分かりました。1日あたりグラス2杯の林檎ジュースを飲むか、2～3個のりんごを食べると良いそうです。

●リラックスするとアセチルコリンは増える！

白血球のリンパ球にはアセチルコリンの受容体があり、リンパ球は自律神経の副交感神経が優位になると増えます。要するに、心身共にリラックスすると脳内のアセチルコリンは増加する仕組みなっているのです。温泉に行ったり、自然の中ですごしたり、好きな香りを嗅ぐなど、自分が心からリラックスできる時間を時々持つようにすることは、アセチルコリンを増やす上でもとっても効果的だと思います。

余談ですが、実は面白いことにアセチルコリンは表皮でも作られていることが近年分かりました。表皮のアセチルコリンは紫外線などの刺激で傷ついた肌細胞を修復してくれているようです。興味深いことに、フランキンセンスやローズマリーなどの精油を希釈して肌につけると、アセチルコリンを分解する酵素が増えるのを阻止して、表皮のアセチルコリンが増加するんだそうです。精油ってやっぱりすごいですね！

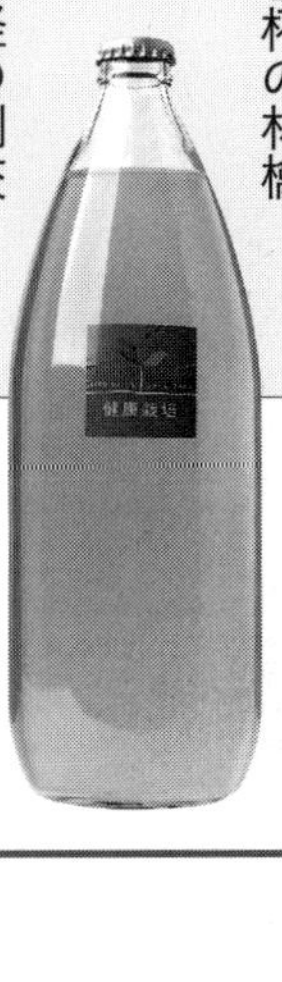

健康村のりんごジュース「健康栽培」3本セット

青森県で無農薬無肥料で奇跡の林檎と呼ばれる林檎を栽培している木村秋則さんが指導されている農業グループが作ったりんごジュースです。私は木村さんの林檎畑で林檎ジュースを飲みましたが、蜂がジュースを飲みにわんさかグラスに入ってくるというびっくり体験をしました。木村さんのはなかなか手に入りませんが、こちらもおいしい。無肥料の林檎のパワーって本当にすごいです。 2,980円（つがるへっちょ本舗）

ニンチプラス
デイ シトラス

近畿大学の監修のもと開発された、アセチルコリンの濃度低下を抑制する香り物質を特徴成分として配合した機能性精油です。1,890円（アットアロマ）

ミトコンドリアを喜ばせ、セロトニンを増やす呼吸法

私の患者さんの中にも見かけますが、現代人は非常に呼吸が浅い人が多くなっています。パソコンや携帯電話が普及したせいもあり、いつも背中を丸めて肩が内側に入り、筋肉が硬くなって胸が十分開かず、浅くて速い呼吸をしています。こういう呼吸をしていると酸素を十分取り込めないので、体内酸素の20％もの酸素を必要としている脳は、いつも少し酸欠状態になります。

また、呼吸が浅いと自律神経の交感神経が優位となってしまいます。交感神経が優位になると、白血球のうちの顆粒球が過剰に増えますが、顆粒球が死ぬ時に大量の活性酸素を出して細胞を傷つけるため、老化が進んでしまいます。顆粒球が出す活性酸素が肌細胞を傷つけた場合は、シミやシワを作る原因ともなってしまうのです。

体内で最も酸素を使うのがミトコンドリアです。ミトコンドリアは細胞の中に存在し、1個の細胞の中になんと数百個もいて、食べ物から取り込んだ水素と呼吸で得た酸素を反応させてＡＴＰという体のエネルギーを作り出しています。酸素をたくさん使うので活性酸素も発生しますが、酸素が足りないとミトコンドリアの働きが一気に落ちて、そもそも健康的な細胞を維持できなくなります。ミスコピーなく細胞を再生することがアンチエイジングのかなめですからこれは大問題です。十分な酸素がいきわたり、ミトコンドリアが元気に活動している細胞が若い細胞と言えます。

私はパニック障害になった際、病院の道場で院長に呼吸法を習い、約半年道場に通っていました。す

ぐに抗不安薬をやめられたのは、まずは呼吸法の力が大きかったのです。深くてゆったりとした呼吸は自律神経のバランスを良くし、脳の血流をアップさせ、セロトニンを増やしてくれるアンチエイジングな呼吸法なのです。

すべて鼻で行う呼吸法なので意外と静かで、オフィスや電車の中など、どこでも人に気づかれずにできちゃいます。

丹田腹式エイジレス呼吸法

おへその少し下を「丹田」と呼びます。丹は不老不死の薬で、田はこの薬を生み出す土地を意味し、古代中医学では丹田に力を入れれば、健康と精気が湧き出てくるとされてきました。要するに若さの泉ってわけです！この丹田腹式エイジレス呼吸法は、いろいろやるうちに一番しっくりくる形に自分でアレンジし、私がよくやっている呼吸法です。呼吸はすべて鼻で行いますが、鼻が詰まりやすい方が現代では増えていますので、難しい場合は吐く時のみ口で吐いてもいいです。吸うのはやはりできるだけ鼻で行うようにしてください。また、椅子に座らず、仰向けに寝た姿勢で行ってもかまいません。

① 椅子にゆったりと腰かけ肩の力を抜き、軽く胸をはる。おへその少し下の丹田に両手をあてて、意識を丹田に集中させる。

② お腹をふくらませながら、鼻からゆっくりと1、2、3、4、5と数えて息を吸う。

③そのまま息を止めて5秒数える。

④ お腹を凹ませながら、鼻からゆっくりと1、2、3、4、5、6、7と数えて息を吐く。息をすべて吐ききったらまた②から繰り返す。

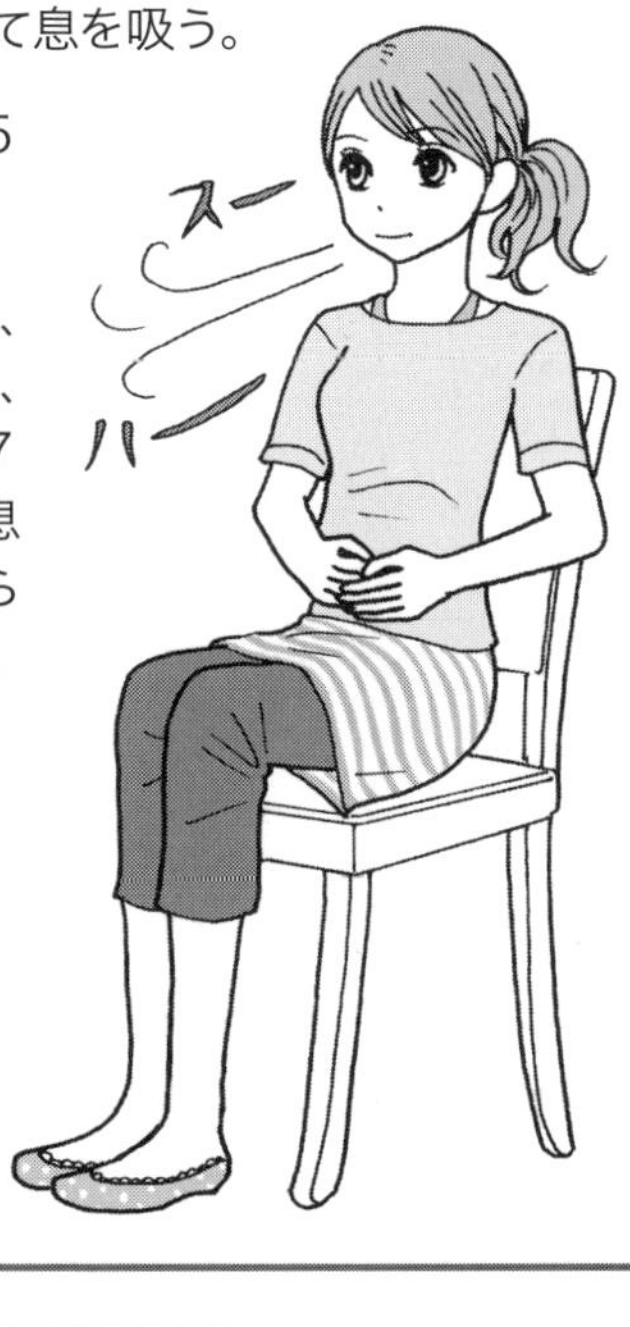

アンチエイジングな瞑想法

瞑想というと座禅など宗教的なイメージが強いですが、20年くらい前から瞑想の脳への効果や効能についての科学的な分析が行われるようになりました。２００７年に発表されたペンシルベニア大学のAndrew Newberg准教授らの発表では、52～70歳の軽度の認知症の人達に瞑想を１日12分間行ってもらい、８週間続けさせたところ、記憶がとても改善し脳の血流量もすばらしく増えていることが分かったそうです。

また、２００５年に発表されたアメリカの研究では瞑想を10～20年続けている健常者と瞑想をやっていない健常者の脳を、ＭＲＩを使って比較したところ、瞑想をしている人はあきらかに大脳皮質の厚みが増していることが分かったそうです。その他瞑想の熟達者は海馬や視床など、記憶や感情制御にかかわる部位の血流が良く、発達していることを発表している研究者もいます。これは瞑想によって脳が活性化し血流量が増えることで、老化に伴う脳の委縮を予防できる可能性があることを示しています。

脳から若返るためには、毎日10分でもいいので、瞑想をするに限ります！　あまり難しく考えないで、自分に合うもの、その時にふさわしいものを選んでやってみてください。

自然瞑想

**心地良い自然のイメージを浮かべるので初心者でもやりやすい瞑想です。
とても元気が出てリラックスできます。**

① 床にあぐらをかいて座るか椅子に座って目を閉じる。手は膝の上に軽くのせておく。

② ゆっくり鼻から吸ってゆっくり鼻から吐く腹式呼吸を始める。

③ これまで行ったことのある場所で、自分が一番リラックスできてすばらしいと思えた海、森、山、空などの自然の風景を具体的に思い描く。

④ 自分は今その自然の中に座っていて、そこから絶え間ないエネルギーが体の中に入っていくというイメージを思い浮かべる。

⑤ゆっくりと目を開け、瞑想終了。

あるがまま瞑想

気づきの力を得ると共に、直観力や、創造力が湧いてくる瞑想です。

① 床にあぐらをかいて座るか椅子に座って目を閉じる。手は膝の上に軽くのせておく。

② ゆっくり鼻から吸ってゆっくり鼻から吐く腹式呼吸を始める。

③ 基本的には呼吸に意識を集中します。呼吸に集中しきれなくてまわりの音が気になったら「音が気になっているな」と気づき、また呼吸に集中すればOK。

④ 何か雑念が湧いても「おなかが減ったと思ったな」とただ気づく。基本的には過去に起きたことや未来のことは考えず「今」に集中する。過去や未来を考えてしまったとしても自分を責めず「過去にとらわれているな」と気づいて、また呼吸に集中すればOK。批判したり、抵抗したりせず、ただあるがままに「今」を眺め、「今」を気づく。
⑤ゆっくりと目を開け、瞑想終了。

内観瞑想

自分の立場だけでなく相手の立場からや、客観的にものごとを見られるようになり、感謝の気持ちが湧いてくる瞑想です。

① 床にあぐらをかいて座るか椅子に座って目を閉じる。手は膝の上に軽くのせておく。

② ゆっくり鼻から吸ってゆっくり鼻から吐く腹式呼吸を始める。

③ これまでの人生で「人にしてもらったこと」を思い出していく。何個でもかまわない。

④ 次に、これまでの人生で「恩返しをしたこと」を思い出す。何個でもかまわない。

⑤ 次に、これまでの人生で「人に迷惑をかけたこと」を思い出す。何個でもかまわない。

⑥ 思い出した事柄に対し「ごめんなさい」「ありがとう」と心の中で言って終了。

慈悲の瞑想

心が穏やかになって落ち着く瞑想です。座らなくても、寝る前に布団の中でやってもかまいません。

① 床にあぐらをかいて座るか椅子に座って目を閉じる。手は膝の上に軽くのせておく。

② ゆっくり鼻から吸ってゆっくり鼻から吐く腹式呼吸を始める。

③「私が幸せでありますように」と祈る。

④「私の親しい人が幸せでありますように」と祈る。

⑤「生きとし生けるものが幸せでありますように」と祈る。

⑥「私が嫌いな人も幸せでありますように」と祈る。

⑦「私を嫌っている人も幸せでありますように」と祈る。

⑧ 最後にもう一度「生きとし生けるすべてのものが幸せでありますように」と祈る。

⑧ ゆっくりと目を開け、瞑想終了。

光の玉瞑想

体と心への浄化作用の強い瞑想です。
疲れを取って不調を改善したい時に！

① 床にあぐらをかいて座るか椅子に座って目を閉じる。手は膝の上に軽くのせておく。

② ゆっくり鼻から吸ってゆっくり鼻から吐く腹式呼吸を始めます。

③ 頭の上から真っ白に輝いた光の玉がやってきたとイメージする。この光の玉の輝きは、温かくてすべてを浄化してしまう（以下はすべてイメージ）。

④ 光の玉はゆっくりと頭の中に入り、頭も顔もすべてが光り輝く。

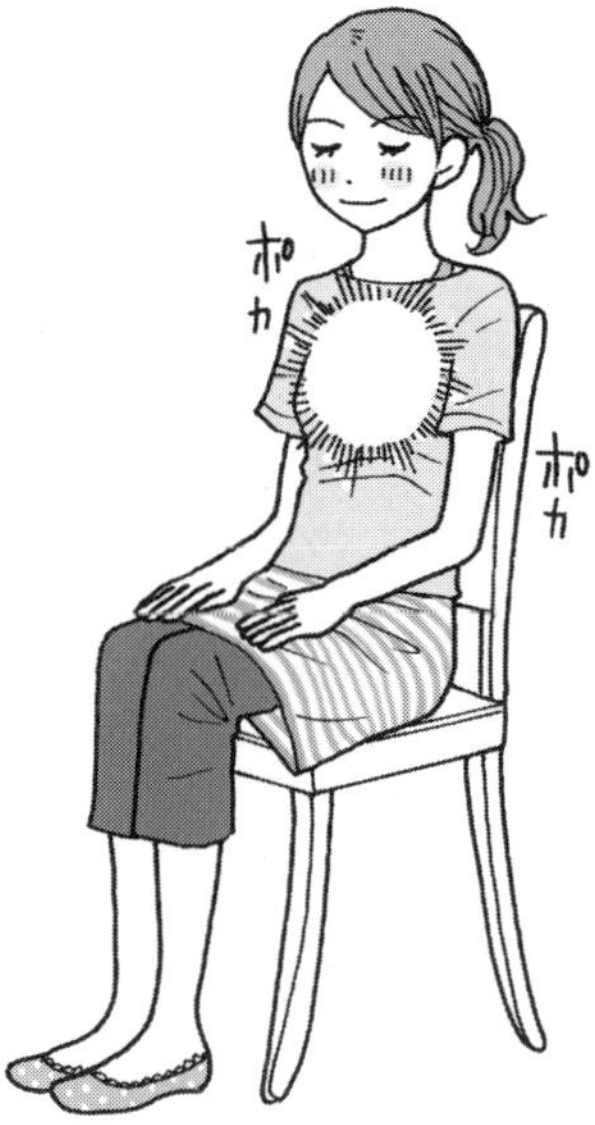

⑤光の玉はゆっくりと背骨を通り抜け、肺、心臓、腕、手、胃腸など上半身すべてを光輝かせる。光の玉が通った場所はポカポカと陽だまりのように温かくなる。

⑥ 光の玉は子宮を輝かせて両太ももを通り、ふくらはぎ、足の裏、足の指など下半身のすべてを光輝かせる。

⑦ 全身が光に満ちて輝き、温かくて心地よいのをしばらく感じながらゆっくり呼吸する。

⑧ ゆっくりと目を開け、瞑想終了。

過剰な電磁波は、やっぱり避けたほうが賢明！

電化製品から発生する電磁波は、体内の活性酸素を増やすと昔から言われていましたが、一昨年WHOが、ついに電磁波に発がん性がある可能性があると評価し、予防のための対策をとるよう勧告しました。これはいよいよやばいですよ〜！

パソコンは今では電磁波対策がかなり進んでいて、デスクトップタイプではほとんど気にしなくて大丈夫。ただし本体からは発生しているので、できるだけ体から離したほうがいいですね。ただしノートパソコンは画面ではなく、キーボードの裏くらいから電磁波が出ています。その他液晶タイプのTV、冷蔵庫、洗濯機は新しい商品では電磁波対策をしていることが多いようです。問題は携帯電話ですね。これは直接頭に当てて使うし、しかも電波を出す機器なので、脳腫瘍になるリスクが上がることが指摘されてます。携帯電話を使うならイヤホンマイクで話し、体に密着させて持ち歩くのは避けたほうがいいですよ。

たいていの電化製品では1m以上離れれば1ミリガウス以下になるようです。2m以上離れれば、大半の製品でリスクが避けられます！

気になったので電磁波測定器を買い、家中の家電の電磁波を計測してみました。意外に数値が高くて驚いたものもあったので、我が家の要注意家電を紹介します。もちろんメーカーや製品によっても差がありますので、あくまでも参考程度にしていただければと思います。

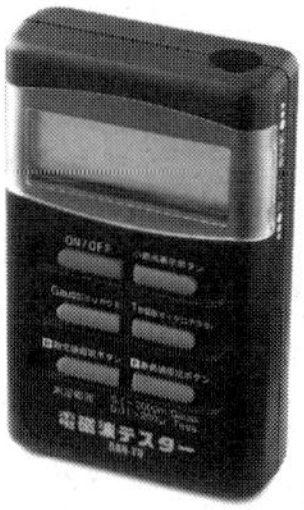

電磁波テスター
私が電磁波を測定している機械です。10,500円（万雄）

測定して意外と数値が高かった電化製品

ドライヤー

送風口は約100ミリガウス。頭に近づけて使うものなので、このくらい強いとたとえ時間が短くても影響がある可能性があります。低電磁波タイプのドライヤーを選び、しかもできるだけ離して手早く終わりましょう！

ＩＨ炊飯器

ＩＨ炊飯器の炊飯中の電磁波はすごくて158ミリガウスでした。保温中は下がります。炊飯中は近づかないに限ります。ＩＨものは、炊飯器に限らず電磁波はすごいらしく、うちにはクッキングヒーターがないので計測不能ですが正面に立った時、最も高いもので約150ミリガウスだそうです。

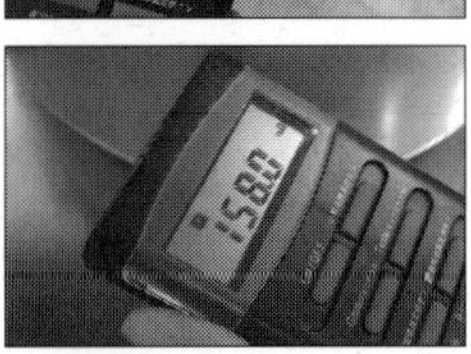

食洗器

流しの下についているタイプの食洗器ですが、驚いたのはスイッチが入ってなくても、常に高い電磁波が計測されることです。うちのは62ミリガウスでした。この前に立って調理することも多いので、できるだけ別のところに立つようにしています。

折りたたみ式セラミックドライヤー

低電磁波タイプのドライヤーで、送風口からの電磁波はかなり低くなっています。12,600円（万雄）

電話の子機

48.8ミリガウス！ これも盲点でしたが、携帯電話だけでなく電話の子機からもかなりの電磁波が出てますねー。長電話するなら親機でするのが安心です。

第5章

心のアンチエイジング

ここまでエクササイズ、化粧品、食、脳と書いてきましたが、最後に最も重要な「心のアンチエイジング」について書きたいと思います。**なぜなら人の心は、実は細胞の老化スピードにおける重要な鍵を握っているからなのです！** どんなに体に良いサプリメントを飲んでも、毎日不平不満や愚痴ばかり言っていたら、**あなたの細胞の寿命はどんどん短く**なってしまいます。

とはいえストレスだらけの現代で、ストレス自体を減らすのは無理というもの。それならば、それを受け止める「心」のほうを変えてしまえば、毎日がとても楽になります。

この章では私のこれまでの体験をもとに、ストレスから解放される心の持ち方や、**起きる出来事自体が変化していく魔法**についてお話ししていきます。

テロメアを短くしない生き方

人の心は、実は老化のスピードを大きく左右することが分かってきています。エクササイズや食事、コスメも大事ですが、心の持ち方によって細胞の老化のスピードがずいぶん違うとしたら？　私達アンチエイジングの鬼にとって、とても気になる話ですよね。

細胞にあるＤＮＡの端っこには「テロメア」というキャップがついています。このテロメアはＤＮＡ本体を守るための保護の役割を果たしていますが、細胞分裂するたびに少しずつ短くなっていきます。テロメアが短くなると細胞も老化していき、テロメアが完全に擦り減った時が細胞の寿命ではないかと言われています。

このテロメアは太り過ぎや喫煙などの要因で、より多く擦り減っていくことが分かっていますが、注目すべきはストレス環境にいる女性のテロメアが、そうでない女性より短いということ！　よく、年齢より若く見える女性に対して「あの人は苦労してないからね」などと語られることがありますが、これは実はテロメアのことを考えればありえる話です。

しかし同じような苦労の多いストレス環境にいても、ストレスをより強く感じている女性は、ストレスをあまり感じていない女性に比べて９～17年分もテロメアが短いことが分かってきたのです。これは起こった出来事ではなく、それを心がどう捉えるかによって老化のスピードが変わってしまうことを意味します。

テロメアを守るためにも、活性酸素を過剰に発生させないためにも、起こった出来事に振り回されず、そして起こった出来事自体がＨＡＰＰＹに変化していく心の魔法について最後に書きたいと思います。

自分を大事にしよう

自分を大事にして、自分を慈しみ、自分を愛することはすべてのスタート地点です。このことを抜きにして美容もなければ環境保護もなければ他者への愛もないと思います。自分への愛というのは、「こういう自分だから愛する」というものとは別物です。いわば無条件の愛であり、「自己肯定感」です。それは、どういう自分であれ、この地球に生かされている1つの大切な命としての自分を、欠点丸ごと愛するということです。

私自身を振り返ってみても、少女の頃そして20代の頃、いろいろと自分の欠点ばかりが目につい て、自分に自信がなくいつも不安定でした。そういう時期は誰しもあるものだし、また必要な時期だとは思います。今でもダメなところを克服しようとあがく自分を、丸ごと愛してあげようと思っています。

自分を大事にするというのは究極の「モッタイナイ」精神であると思います。せっかく生まれてきたこの命を大切にして、よりよく生きることは自分にしかできない大切な仕事であり、あなたは大切な自然の一部なのです。

自分を犠牲にしてまで誰かに尽くしたり、何かを成し遂げたりすることも尊いことではありますが、結局のところいつか終焉し長続きしません。私は、エネルギーとは本来循環するものだと感じているのですが、一方通行のエネルギーはいつか枯渇します。また、私は「愛する」という言葉より「愛し合う」という言葉が愛の本質だと思っています。本当の愛は循環しているので終わりが来ないものなのです。自分を本当に大切にしていると、不思議と自己本位にはならず、自然に他者や地球環境も大切に感じるようになります。

人と自分を比べない

人生を一番つまらなくさせるのは「人と自分を比べる」ということです。もちろん「競争心」というのは動物として基本的にある本能ですし、特に幼い頃などは他者と競うことで、能力が向上していくという良い面もあります。大人になってからもライバルと競い合い、刺激を受けながら互いに向上していくということはとても良いことだと思います。

ただ問題なのは、いつも他者への優越感または劣等感によって、自分の立ち位置や存在価値を決めようとすることです。優越感と劣等感は一見正反対な感情に見えますが出所は同じです。基準はすべて他者にあるのです。自分を真に愛せず自信がないために、主体性が自分になく常に他者にあります。他者と比べることでしか自分を保てないのです。他者基準で生きているから、誰かにすぐ腹を立てたり、嫉妬したりしてしまいます。自分が向上するのではなく、人を批判することに躍起になってしまいます。

せっかく生まれてきた大切な人生なのに、他者基準で生きるのはとてももったいないと思います。自分の価値は自分で決め、自分の人生を自分に取り戻しましょう。

かつて私も自分をうまく愛せず、劣等感だらけの少女でした。学校教育という枠の中で息苦しさを感じてどうしてもはみ出してしまい、そんな自分にいつも落ち込んでいました。ブログをやっていると、以前の私と同じような悩みを持つ人から時々メールをいただいたり、患者さんから相談を受けたりすることがあります。しかしそんな方々にぜひ私が伝えたいことは、世界は広い！ということ。日本では他人と違うことに対して割と否定的なところがありますが、他国では「あなたの中の人と違う部分があなたを救う」と教えているところが多数あります。今のあなたの中に生じている違和感が、やがては世界を変えることに繋がるかもしれない。それこそが、光り輝くあなたの原石かもしれないのです。ある程度の協調性はもちろん大切ですが、とにかく視野を広く持って、自分にしかできないやり方で堂々と輝いていってほしいと願っています。

変えられるのは自分だけ

現代に多いストレスとは、自然から離れてしまったストレスや、経済的な問題や体調不良のストレス、人間関係のストレスです。この中で最大の精神的ストレスと言えるのが人間関係かもしれません。そんな時に思い出してほしいのは「変えられるのは自分だけ」ということです。

「あの人はどうしてこんなことをするのか」とか「私ならこうするのになんであの人は？」とかいう感情の背景にあるのは、実は「他人をコントロールできる」という思い込みだと思います。しかしいくら人を変えようとしても、それは無理な話です。なぜなら変えられるのは常に自分だけだからです。

ところが自分を変えると、面白いように周囲も様変わりします。まず他人をコントロールしたいという感情を手放し、先入観を捨て、人の良いところを見るようにします。それがどうしても無理な場合は「私の中のどこに、この人を嫌だと思う原因があるのだろう」と考えてみましょう。それでもどうしようもない場合は、あなたがその「場」から去るという選択肢もあります。その「場」はもうあなたにとってどうしても波長の合わない「成長できない場」となっているのかもしれません。

思い込みを捨てよう

「あの人はこういう人だ」という噂話を私はあま

り信じていません。ある人にとってはいい人だったり、ある人にとっては嫌な人だったり、人の評価はさまざまです。結局は「その人にとってどういう人か」ということしか分かりません。たとえみんなから嫌な人だと言われている人がいたとしても、もしあなたがその人のステキな部分を見て、そこを愛するようにすれば、その人はあなたにはステキな面しか見せないかもしれません。

人は「縁」によって変わります。あなたが言う次の一言によって、相手が言うその次の一言が変わります。こんな人だとか苦手な人だと決めつけないで、ニュートラルに人と接するといいと思います。

このような私の考え方に影響を与えてくれた方の1人に、千葉の造り酒屋「寺田本家」のご当主、寺田啓佐さんがいます。

私は「寺田本家」さんの、無農薬米を蔵付き酵母で仕込んだ無濾過の自然酒が大好きなのですが、昨年その酒蔵を見学に行った時のことです。案内してくださった寺田啓佐さんが、酒造りの根幹に関わる麹室、酒母室に平気で何十人もの一般見学者を通すのを見て本当に驚きました。麹室や酒母室といえば、普通の蔵では消毒液で躍起になって消毒して、見学者を通すなんて言語道断の場所です。寺田さんはこうおっしゃっていました。

「本来悪玉菌が悪いわけではなかったんです。実はその場が発酵しやすい〝発酵場〟であれば、どんな悪玉菌も繁殖できません。特に化学合成された乳酸や協会酵母菌と違い、野生の乳酸菌や酵母菌は強く、どんな雑菌が来ても腐敗方向に引きずられないのです。だからこの〝場〟を良くするために、壁には全面に炭を埋め、マイナスの感情がある時には麹室や酒母室には入りません。

これは、人間の世界にも当てはまります。除菌殺菌とやりまくったあげくが、アレルギーの蔓延じゃないんでしょうか。悪玉菌、善玉菌、いい人、嫌な人……と人間はなんでも分けたがります。でも本来この世に必要のない菌も、必要のない人もいない。その場が発酵場であればいいんです。悪い菌だと嫌われている菌にも実は役割がある。良い菌だけ集めてもおいしい酒はできないんですよ」

寺田さんの言葉は、まるで寺田本家の自然酒のように、私の心に沁みていきました。

世の中にはいろんな人がいます。でも私達の心に発酵場があれば、悪い方向に巻き込まれることはないのです。

手放すとどんどん入ってくる

私がつくづく感じているのは、人生は〝手放すためにあるのだ〟ということです。人から受けた恩や知識、お世話になったこと、受けた愛情……これらに感謝してそれを与えてくださった方々に恩を返すことももちろん大切ですが、今度はそれを必要としている人に向けて、自分の受けたことを手放す必要があります。また、苦しかったことや、つらかった出来事も、自分を成長させてくれたこととして感謝して手放してしまいましょう。「話す」ということももちろん「放す」ことの1つです。人に話してしまうと楽になる経験は誰にでもあるのではないでしょうか。同じように余ったお金なども、実は溜め込むよりも、良い事業や良い製品に使ったり、寄付したりすることによって時には思いきって手放してしまいましょう。

自分に入ってきたものをいつまでも溜めて抱えていると、古い角質が溜まって新しい美しい皮膚が生まれるのを妨げますし、便秘にもなってしまいますよね？　実は溜め込むのをやめて手放してしまうと、その倍のすばらしいことがどんどん入ってくるのです。これが循環であり、新陳代謝の法則です。

起きる出来事が変わっていく不思議

青森県で無農薬無肥料の林檎を育てている木村秋則さん。その林檎は「奇跡のリンゴ」と呼ばれ、今や入手困難なほどの大人気となっています。私は木村さんの著書『自然栽培ひとすじに』を読んで木村さんに憧れ、ぜひ一度お会いしてみたいと思っていたところ、一昨年、木村さんの林檎畑を見学させていただく機会を得ました。

かつて農薬をやめた木村さんの畑には、恐ろしい数の何種類もの害虫が鈴なりのように発生し、肝心の林檎はと言うと8年間も実らず、花も咲かなくなったそうです。ところが畑の土を野山の土と同じように整えて肥料をいっさいやめてみると、年々何種類かずつ虫がいなくなり、最後にはほとんど出なくなったそうなんです。木村さんがおっしゃるには、本来虫に害虫も益虫もないのに、人間の都合だけで勝手に分類していると。虫は理由があってそこにいる、今思えば土の中の毒を排出するためにいてくれたんじゃないかと。そして土が浄化されて健康になると、害虫は農薬を使わなくても自然にいなくなるそうなんです。そして木村さんは最後の最後までいて一番しつこかったハマキ虫という害虫を自分でイラストに描き、出荷用のダンボールに印刷して、感謝の気持ちを忘れないようにしていると言うのです。

私はこの話を聞いてある気づきを得ました。例えば自分にとって嫌な出来事や自分が苦手な人というのも、同じじゃないのかと思います。自分にとって都合が悪いだけで「嫌だ」と決めつけているけれど、本当にそうでしょうか？　それらは理由があってそこに存在しています。すべての出来事は自分を成長させてくれるための試練です。出来事に感謝して問題を解決し、それらが存在する理由がなくなれば、やがて自然に消えていく場合が多いような気がします。逆に何か問題が起こった時は、自分が成長し、浄化できるチャンスと思って感謝すると、人生がずいぶん楽になります。そしてどんどん浄化していくと、自分に起こる問題の質も徐々にアップしていき、やがては木村さんの林檎畑のように害虫が少なくなり、豊かな実をつけるでしょう。

本当の幸福とは?

私達1人1人には、みんなこの世に生まれてきた魂の目標があります。生まれる時にそれを忘れてしまうけれど、本当はみな自分の魂を少しでも向上させるために生まれてきたのです。私は本当の幸福とは、魂の目標を思い出し、ただ生きているだけで幸せという状態だと思っています。突発的な出来事や物質的な理由による幸せには必ず終わりが来ます。例えばラッキーな出来事が起きて幸せ！　と一挙にボルテージが上がったとしても、人間の脳はどんなことにもすぐに慣れてしまうので、数ヵ月後には元通りの幸福度に下がっているそうです。

私達は生きているのではなく、生かされているのだなと感じます。春になると一生懸命咲き、そしてすぐ散ってしまう桜の花は「なぜ咲くのだろう？　咲く必要があるのだろうか？」とは考えません。生きるのに理由がいると考えるのは人間だけです。もっと厳密に言うと人間の左脳だけのようです。逆に右脳はただ生きていることの幸福を本当は知っているそうです。騒がしい左脳を少し休めて瞑想すると、とてもリラックス効果があるのはそのせいもあるのでしょう。

私達はこの世にそれぞれの役割があって生かされ、それぞれの花を咲かせます。同じ咲くなら老化をゆるやかにして、みんなで美しく咲きたいものです！

あとがき

私はパニック障害に苦しみ、それをカイロプラクティックをはじめとする自然療法で克服したことがきっかけでカイロプラクターになりました。あの頃、女優を目指して上京した東京生活で、夜更かしや食生活の乱れ、冷え、ストレスなどで、私は心身ともに、どんどん自然からかけ離れていっていた気がします。骨格が整い、血流が良くなった現在、私の平熱は36度7分となり、昔より若々しく見えると友人に言われます。私は「自然治癒力」という体の中にいる神様に、心から感謝をしました。

「アンチエイジング」という言葉が持つイメージとは逆に、ケミカルを避け、毒を摂らず、活性酸素を極力発生させない！　ということが私の主張の大前提にあります。自然に反するのではなく、体の中の秩序を保ってくれている「自然治癒力」を高めることが、美しく老いることであり、体の中にある「若さの泉」をより良く目覚めさせることこそが、私の目指すナチュラルアンチエイジングです。

簡単で、便利なものが好まれる現代では添加物は必須となり、コンビニで24時間薬まで購入できてしまう状況です。裏ラベルのたくさんのカタカナ名称を女性達があまり見ないのをいいことに、続々と新しい化学物質が私達のお肌を覆っています。確かに外側を装うのも楽しいことですが、極力体をサビさせるものを避け、細胞レベルから美しくなることはもっと楽しいという

今年の6月、41歳になった記念にブログに載せた写真です。

心身共に不調だった28歳の頃。かなり老けてます（汗）。

ことが、この本で多くの方に伝わったらいいなと願っています。

私は今、ある休耕田で無農薬無肥料の不耕起農法にチャレンジするための準備をしています。冬季湛水といって冬にも田んぼに水を張る農法なので、田んぼにはたくさんの微生物や虫たちが棲み、その虫を目当てに野鳥たちもたくさん生息でき、里山に美しい自然環境が戻ってくるそうです。慣れない農作業ですが、フルフェイスの完全遮光で、現在奮闘中（笑）。田んぼの中にいると、土と植物のパワーが伝わってきて、ますます自然治癒力が目覚めるのを感じています。初心者なのでうまくいくかどうか分かりませんが、自分で作ったお米を食べるのが今から楽しみです♪

最後になりましたが、この本のためにヘアメイクを担当してくださった、日本で唯一人ノンケミカルコスメだけでメイクをするメイクアップアーチストの小松和子さん、どうもありがとうございました。そしてデザイナーの横山さん、かわいいイラストを描いてくださったワタナベチヒロさん、カメラマンの工藤さん、柿崎さん、鈴木さん、スタイリストの倉内さん、編集の川上さん、いつもあの長いブログを読みにきて応援してくださる読者のみなさま、そしてここまでこの本を読んでくださったみなさまにも、心より感謝を申し上げます。本当にありがとうございました。

さぁ、口角も心も上げ上げで、今日も細胞から美しく生きましょう！

２００９年8月　　勝田小百合

トーヨー
042-747-3337

特定非営利活動法人アルコイリス
03-5215-5531

な

中原採種場
092-591-0310

ナチュラピュリファイ化粧品
03-5159-1184

ナチュラルレーベン
03-5719-3484

ナレンジ
03-5452-2318

日本緑茶センター
03-5464-1115

ニュートリション・アクト
03-5475-7313

ノヴァ
048-592-6491

農業生産法人 自然農園
0135-32-3090

野口種苗研究所
042-972-2478

ノラ・コーポレーション
0120-87-8611

は

バイオシード
03-5296-7161

ハンドインハンド
078-451-0936

万雄
06-6222-2248

光食品
088-637-6123

ファルマフード研究所
075-803-1648

フリーマム
0952-34-8675

フレッシュ
04-2952-7141

木のひげ
042-313-9208

クインビーガーデン
03-5730-3833

グッドホープ総研
03-5740-6431

クレアポルト
06-6220-0030

健康デザイン
0120-775-669

糀屋本店
0972-22-0761

さ

桜井食品
0120-668-637

シャンブル
03-5465-2987

新藤
045-731-4101

生活の木
03-3409-1781

セゾンファクトリー
0238-56-2244

ゼノア化粧料本舗
03-3949-4141

セミンツ
03-3288-3122

蒼基
0120-46-8901

た

タイガー魔法瓶
0570-011101

竹屋製菓
0194-52-3710

つがるへっちょ本舗
http://shop.heccho.com/

テングナチュラルフーズ
042-982-4811

トータルヘルスデザイン
0120-15-1846

あ

アサクラ
0242-27-2688

アットアロマ
03-5452-0700

アトワ
022-297-3141

アバンティ本店
03-3226-7110

アビオス
03-5466-7600

亜麻の里
0800-900-4149

AMRITARA
03-6459-2688

アリモト
0790-47-2220

アンティアンティ
076-495-7633

アンブロシア
0120-162-767

飯尾醸造
0772-25-0015

井原水産
0134-62-7777

インターナショナルベスト
0120-08-5050

ヴェレダ・ジャパン
0120-070-601

MIMC
03-6421-4211

おもちゃ箱
03-3759-3479

オリザ・ブレーン
03-3597-0558

か

鹿北製油
0995-74-1755

絹物語しらはた
0120-232-132

参考文献

自分で調べて採点できる化粧品毒性判定事典
小澤王春著○メタモル出版

酵素が体の疲れをとる!　鶴見隆史著○青春出版社

五訂増補日本食品標準成分表
文部科学省 科学技術・学術審議会著○国立印刷局

やせる! 低GIダイエット　ジェニーブランドミラー、ケイフォスターパウエル、ステファンコラギウリ著○マキノ出版

なにを食べたらいいの?　安部司著○新潮社

アロマテラピーのための84の精油
ワンダ・セラー著○フレグランスジャーナル社

危ない電磁波から身を守る本　植田武智著○コモンズ

内観法　吉本伊信著○春秋社

現代人のための瞑想法—役立つ初期仏教法話〈4〉
アルボムッレ スマナサーラ著○サンガ新書

参考論文掲載誌

●インディアナ大学加齢研究センター　Hugh C. Hendrie「JAMA」2001年

●Vanderbilt School of Medicine　Qi Dai「The American Journal of Medicine」2006年9月

●エラスムス医療センター　Dr.Marianne Engelhart「JAMA」2002年6月

●INSERM　P. Barberger Gateau「Neurology」2007年11月

●エクセター大学ペニンシュラ校医学部、ケンブリッジ大学ペニンシュラメディカルスクール、ミシガン大学研究グループ「Journal of Geriaric Psychology and Neurology」2009年2月

●東北大学医学部:社会医学講座公衆衛生学分野　栗山博士の研究グループ「American Journal of Clinical Nutrition」2006年2月

●モンペリエ大学　タシニメ・アクバラリ「Epidemiology」2007年1月

●岩手大学工学部神経工学　佐藤拓己、バーンハム医学研究所スチュアート・リプトン、長瀬産業株式会社「Journal of Neurochemistry」2007年10月

●マサチューセッツローウェル大学　トーマス・シーア「Journal of Alzheimer's Disease」2006年1月

●Eurek Alert「Meditation associated with increased grey matter in the brain」2005年11月

ま

マリティ
0120-355-876

マルクラ食品
086-429-1551

まるしげ上田
06-6699-7743

ミチコーポレーション
042-450-2444

ミトク
0120-744-441

ムソー
06-6945-5800

名刀味噌本舗
0869-26-2065

廻屋農園
090-8569-4958

や

ヤカベ
093-371-1475

ヤマノ
0120-530-198

ヤーマン
0120-776-282

山本芳翠園
06-6975-0191

ゆらぎ
011-513-3077

ら

リブレライフ
03-3537-0366

リマの通販
0120-328-515

レリッシュ アオテアロア
http://relishnz.shop-pro.jp

ロゴナジャパン
03-3288-3122

PROFILE

勝田小百合 ●sayuri katsuta

1968年生まれ　カイロプラクター　一児の母。

塩川スクールオブカイロプラクティック卒業。26期生。

日本抗加齢医学会　正会員。

日本カイロプラクティックリサーチ協会（ＪＣＲＡ）会員。

「ナチュラルカイロプラクティック」院長（http://www.moon.sannet.ne.jp/futaiten/）。

ブログ「アンチエイジングの鬼」主宰（http://plaza.rakuten.co.jp/korrida/）。

国産オーガニックコスメ「アムリターラ」(http://www.amritara.com)をプロデュース。

著書に「アンチエイジングの鬼」「アンチエイジングの鬼レシピ」（共にワニブックス）「エイジレス魔女の作り方」（筑摩書房）がある。

雑誌「ＢＯＤＹ＋」にて「食べるアンチエイジング 鬼の処方箋」連載中。

NTTドコモ、ソフトバンク、au公式携帯サイト「美的エイジング」監修。

STAFF

装丁・本文デザイン●横山勝
撮影●工藤朋子（人物、アイテム）
　柿崎真子（料理）
　鈴木希代江（帯、まえがき）
ヘアメイク●小松和子
イラスト●ワタナベチヒロ
フードスタイリング●倉内眞理子
編集●川上隆子、山口みさと

アンチエイジングの鬼 プレミアム

著者　勝田小百合

2009年9月11日　初版発行

発行者　横内正昭
編集人　青柳有紀
発行所　株式会社ワニブックス
〒150-8482
東京都渋谷区恵比寿4-4-9　えびす大黒ビル
電話　03-5449-2711(代表)
03-5449-2716（編集部）
振替　00160-1-157086

印刷所　大日本印刷株式会社
製本所　ナショナル製本

ISBN978-4-8470-1860-2

ワニブックスホームページ　http://www.wani.co.jp/